アンガーマネジメント入門

安藤俊介

朝日文庫

本書は二〇〇八年十月に大和出版から刊行された『アンガー・マネジメント』を改題し、加筆修正したものです。

はじめに――アンガーマネジメントがあなたの世界を劇的に変える！

はじめまして。日本アンガーマネジメント協会代表をしております安藤俊介と申します。

このたびは、本書を手にとってくださり、ありがとうございます。

さて、この本を手にとってくださったあなたは、「アンガーマネジメント」をご存じでしょうか。

「アンガー」とは、日本語にすると「怒り」。「アンガーマネジメント」とは「怒りのマネジメント」ということです。

あなたは、次のような状況に悩んでいませんか。

「ささいなことで、ついイライラしてしまう自分をなんとかしたい」

「ムカッときて、よけいなことを言ってしまうのをやめたい」

「『短気は損気』で、結局は自分が損になってしまうのに、人とぶつかってしまう自分がイヤだ」

「『怒っても疲れるだけ』とわかっていても、ついつい怒ってしまう自分をどうにかしたい」

「職場の怒りっぽい人に引きずられて、つい、私もイライラしてしまう」

「よくないとわかっていても、感情のままに子どもを叱ってしまう。あとからあんなふうに叱らなきゃよかったと後悔するのに」

「妻（夫）ともっと穏やかな家庭を築きたいのに、小さなことでしょっちゅうケンカになってしまう」

アンガーマネジメントは、こうした状況を大きく変えるのに役立つ「怒り」のマネジメント術です。

もう少し詳しく説明すれば、

「感情」の中でもとくにマイナスな結果を引き起こす原因となりがちな「怒り」に正

しく対処することで、健全な人間関係をつくり上げる知識・技術を習得することです。

そして、アンガーマネジメントのいいところは、「技術」なので、練習すれば、大なり小なり「誰にでもできる」ことです。一部の限られた天才だけができるような成功法則や成功哲学では決してありません。

アンガーマネジメントの普及活動を日本でするようになってから8年あまり、ビジネスパーソン、経営者、スポーツマン、親、教員など、多くの人にアンガーマネジメントを教えてきました。その経験からいえば、アンガーマネジメントを学び、実践すれば、誰もが必ず怒りをうまく操り、人間関係も仕事もプラスに転換させています。

だから、あなたにもできると断言できます。

と、こんなことを言っている私も実は、20代の頃までは、怒りに支配され、毎日イライラ、ムカムカする日を過ごしていました。

プライベートでも仕事でも、気に入らないことがあれば、上司であろうが、お客さまであろうが、友人であろうが、かまわず怒りをぶつけていました。

「なんでこんなことがわからないんだ?」「なんで俺がこんなことをやらなきゃいけないんだ?」とそれこそ、怒りに自分を支配されっぱなしでした。

けれども、そんな私に転機が訪れました。仕事でアメリカに渡った際にアンガーマネジメントに出合ったからです。

私が知り合ったニューヨークのビジネスパーソンたちは、私よりもはるかに忙しく、ストレスの多い環境で働いているのに、少しも怒ったり、イライラしたりせずに、業績を上げ、人生を楽しんでいました。

その姿を見てとても感動し、秘訣をきいたところ、「アンガーマネジメントを学んでみたら」とアドバイスをもらったのです。

早速、私もアンガーマネジメントを学び、実践してみました。

具体的な変化は人間関係に表れました。

それまでは、何か問題が起こると、対決しながら解決していくことが多かった自分の姿勢が、協調しながら問題に取り組んでいくという姿勢に変わっていたのです。

今まではストレスでしかたのなかった人間関係が、楽しいものに変わりました。そしてまわりの人と上手にコミュニケーションがとれ、付き合えるようになったことで、仕事もずいぶんとやりやすいものに変化したのです。

もちろん、変化は仕事だけにとどまりません。友人、家族、夫婦関係、すべて劇的に好転しました。私の昔を知っている友人からは、今、「あの、怒りっぽかった安藤がなぁ」と言われることもしばしばです（笑）。

本書を手にとられたあなたは、昔の私のように、自分の「怒り」をもてあましているのかもしれません。

・イラッとして、思わず不機嫌な対応をしてしまいがち
・ムカッときて、つい言わなくてもよいことを言ってしまったりする
・相手の理不尽な言動に、思わず下手な怒り方をしてしまう
・イライラすることが多くて、毎日ストレスがたまっている

その結果、相手と気まずくなってしまったり、自分にとって損な結果になってしまったり、自分の心や体が疲れてしまったり、なんてこともあるでしょう。

もっと言うと、「怒り」にふりまわされるあまりにビジネスで失敗した、人間関係が決定的に壊れてしまった、自分自身の生活に悪影響を与えてしまった、などということもあるのではないでしょうか。

そんなあなたに、一つだけ、誤解のないようにお話ししておきたいことがあります。アンガーマネジメントは「怒らない技術」と表現するときもあります。ただ、それは、「怒りをゼロにする」という意味での「怒らない」ではありません。「怒り」は「喜怒哀楽」の言葉のなかにも入っているように、人間にとって必要な感情であり、また、ゼロにできるものではないからです。

「怒らない技術」を、もっと丁寧に言えば、「(どうでもいいことで) 怒らない技術」であったり、「(あとから後悔するようなことで) 怒らない技術」ということです。

だから、どうか「怒り」を、ダメなもの、無駄なもの、必要ないもの、と思って切り捨てないでください。

「怒り」はなくせません。

けれども「怒り」をプラスに生かすことはできます。

プラスに生かすのもマイナスに終わるのもあなたしだいです。

本書は、ムダに怒らないため、あるいは「怒り」の感情を上手に受けとめてプラスに生かすためのアンガーマネジメントの入門書です。

アンガーマネジメントの基本を、わかりやすく、実践しやすいように一冊にまとめました。

ぜひ、アンガーマネジメントを通じて、怒りにふりまわされず、望むような人生を歩んでいくことを祈っています。

２０１６年　８月

安藤　俊介

アンガーマネジメント入門　目次

第1章　なぜ、人は「怒り」にふりまわされるのか？

第2章　「アンガーマネジメント」の仕組みを知る

第3章　まずは、「なりたい自分」をイメージする

第4章 カチン！ムカッ！ときたときの感情の抑え方

第5章　記録することで「怒り」を「見える化」する

第6章　自分の中に「怒りにくい仕組み」をつくる

第7章　自分の気持ちの「上手な伝え方」を身につける

図版　黒岩二三

アンガーマネジメント入門

第1章

なぜ、人は「怒り」にふりまわされるのか？

あなたは、自分で「怒る」を選んでいる

同じ出来事でもカッとくるとき、こないとき

「なぜ、毎日、イライラすることばかり起きるのだろう?」

「なんで、こんなに私を怒らせる出来事が多いのか?」

「どうして部下も子どもも、私を怒らせることばかりするのか?」

イライラや怒りに悩まれている人は、こう思っている人が少なくありません。

では、ここでちょっと次のことをイメージしてみてください。

「あなたは大好きな人と話をしながら街を歩いています。今度の週末はどこに行こうかと楽しい話題に夢中になっています。すると、すれ違いざまに誰かと肩が激しくぶつかりました」

今度は次のことをイメージしてみてください。

「あなたは会社からの出がけに上司から昨日のミスをひどく注意されました。昨日もさんざん怒られたのにしつこいなぁとイライラしながら街を歩いています。すると、すれ違いざまに誰かと肩が激しくぶつかりました」

さて、ここで問題です。あなたが大好きな人と話をしているときに誰かと肩がぶつかったとして、どのように思うでしょうか。

ほとんどの人は、「怒る」ことはないでしょう。

一方、上司から怒られ、イライラしているときに誰かと肩がぶつかった場合はどうでしょうか。

「痛いなあ。気をつけろ！」とカチンときたり、ひどい場合には、相手に向かってそう言ってしまう人もいるかもしれません。

この二つは、「すれ違いざまに誰かと肩がぶつかった」という同じ出来事です。同じ出来事ですが、このようにまったく別の感情をもちます。

これはどういうことでしょうか。

あるときはなんとも思わないのに、あるときはカチンとくる。

実は、ここからいえることは、「同じ出来事でも置かれている状況が違えば、人はまったく違う感情をもつ」ということです。

「誰かと肩がぶつかる」という出来事は、あなたを怒らせることもありますが、あなたを怒らせないこともあるのです。

つまり、出来事そのものがあなたを怒らせているのではなく、あなたは、あなた自身で時と場合に応じて「怒る」という行動を選んでいるのです。

あなたを怒らせているものの正体は、あなた自身なのです。

「私は、『誰か』や『何か』によって怒らされているのではなく、私は自分で『怒る』を選んでいる」と気づくこと。

これが、怒りをコントロール、マネジメントするのに大切な感覚です。

何かをコントロールしたり、マネジメントするためには、「やらされている」より「自ら選んでいる」という感覚をもつことが大事なのです。

どうしてカチンときて不毛な争いをしてしまうのか

では、どうして、私たちは「怒る」を選んでしまうのでしょうか。

あるメーカーに勤める営業部の山本さんは、怒りを抑えつつ、携帯電話で物流部に電話をしています。

大切な取引先に今日必着の商品が納品されておらず、お得意さまからお叱りを受けてしまったからです。

「今日の午前必着だった10ケースが届いていないのですが。いったいどういうことでしょうか。今すぐに納品してもらえないでしょうか」

イライラしながら、山本さんは電話口で伝えました。

すると、電話を受けた物流部の酒井さんがこう答えます。

「今、確認してみましたが、こちらに伝票が届いていません。そっちの発注ミスが原因だと思います。今から納品と言われても、まわせる車両がないから無理ですね。個別に納品するのは、コストがかかりすぎるのでＮＧです。お客さまに、発注ミスを謝って、待ってもらってください」

物流部の酒井さんの物言いに、ムッときた山本さんは思わず強めに言い返してしまいます。

「発注ミスって、先週ちゃんと伝票送っておいたはずです！　あとできちんと調べてください。その前に、まずはお客さまに商品を届けたいんです。『無理』だなんて言わないで、そこをなんとかするのが物流部なんじゃないんですか⁉　お客さまあっての商売なんですよ！」

強い調子で言われた物流部の酒井さんも、カチンときて、こう返してしまいます。

「お客さまあっての商売ですが、コスト意識も大事です。それに、そんなに大事なお客さまなら、もっと発注手配をきちんとやっておいてください。とにかくこちらでは対応できません！」

二人とも、納品ミスというアクシデントをきっかけに言い合いになり、冷静に対応できているとはいえません。

なぜ、この二人のように、カチンときて不毛な言い争いになり、お互い不快な思いを抱えてしまうのでしょうか。

営業マンである山本さんにしてみれば「営業部の仕事の役割」は「お客さま」と良好な関係をつくることです。「営業成績を上げる、顧客からのクレームに対処する」というのが最優先すべきことです。

ですから営業部の山本さんは、「得意先に期日どおりに納品されていない」という事実に対し、「お客さまが待ってるんだから、納品するのが当たり前！」と思います。

山本さんの感情はこうです。

「お客さまが困っているんだから、酒井さんは緊急に対応すべき。なのにそれをしないなんて!!」

たしかに、お客さまのことを考える営業の立場からしたら、それはもっともなこと。ですが、その「べき」は本当に「絶対そうすべきこと」であり「誰にとっても正しいこと」なのでしょうか。

では、一方の酒井さんの立場を考えてみましょう。

酒井さんにしてみれば、物流部の最優先事項は「規則」や「効率」、「コストカット」です。営業部に求められるがままに一つひとつ荷づくりをして配送していては、効率も悪いし、輸送コストがかさんでしまいます。だから「まわせる車両がない！」「謝って待ってもらってください」と反論してしまうのです。

そんな物流部の酒井さんの感情はこうです。

「営業は、毎回毎回営業の都合でものを言う！　コスト意識やルールを守らないと、収益にもかかわってくることをわかってない！　もっとちゃんと契約をとってきたあとのルールやコストのことも考えるべきだ」

二人は、それぞれ自分の「べき」という考えや価値観に縛られて物事を考えているのです。「べき」というのは、一見すると正しいことのように見えますが、実は自分の思いこみでしかないことが多くあります。

あなたにもありませんか。「べき」という考えや価値観をもとに、怒りを生み出してしまっていることが。

「一回教えたことは覚えるべき」と部下に対して怒る。

でも、本当に教えたことは一回で覚えるべきでしょうか。

「仕事なんだから残業ぐらいガマンすべき」と同僚に対してムカつく。

でも、本当に残業はどんなときでもガマンすべきことなんでしょうか。

「普通、肩にぶつかったら謝るべき」と道行く人にイライラする。

でも、相手は「ぶつかった」のではなく「ふれた」程度と思ったのではないでしょうか。もしくは「人混みでぶつかるのは当たり前」と思ったのではないでしょうか。

もうあなたにもおわかりいただけたと思います。

「考えや価値観の違いを受け入れられない」から「怒る」を選んでしまうのです。

怒りを「プラス」の方向に生かす視点をもつ

「怒り」によって失うもの

ただ、「怒り」の感情をもつこと以上に問題なのが、「怒りのままに行動してしまうこと」です。

この山本さんと酒井さんの例でいくと、二人が怒ってしまうのはしょうがないとしても、その後にとった行動がまずいといえるでしょう。

酒井さんと山本さんは怒りを抱いたあと、どのような行動をとっているでしょうか。

二人はお客さまのところに納品されてない事実に対して、自分の「～べき」と考えを主張し合っています。二人とも自分の怒りに考えを支配されているといってもいいでしょう。

お客さまのことを考える冷静な頭を完全に失ってしまっています。

ここで、二人が怒りにとらわれた結果、とった行動によって失ったものはたくさんあります。

まず、冷静に考える頭を失っていることで、お客さまへのフォローが足りていません。このことでもしかしたらお客さまは離れていってしまうかもしれません。

さらに二人のやりとりをきいていた職場の人は、「あ、この人たちはなんか仕事しづらい人だな」と思っていることでしょう。

そして、この一件で二人の関係がギクシャクしてしまうことで、今後の仕事に差しつかえるかもしれません。

お客さまを失うのも、社内で評判が悪くなるのも、この先の仕事に支障をきたすのも、どれもこれも二人にとって「損なこと」です。

そして何より自分自身。こんなやりとりをして、イライラし、怒りに支配されていて、はたして気分よく仕事ができるでしょうか。

怒りを抱えながら仕事をすることは、何より自分が一番つらいのです。

その怒りは損か、得かという視点

怒りにふりまわされがちな人には、足りない視点があります。

それは、「その怒りは損か、得か」といった視点です。もっといえば、「自分」だけでなく、「相手やまわりの人も含めて、トータルで考えて」です。

「ここで怒ったところで、何か現実がいいほうに変わるのか」

「ここで怒ることに大きな意味はあるのか」

「怒ったら私にとって一時的にプラスに見えても、長期的に、あるいはトータルで考えたら大きな損になることがあるのではないか」

などと考える視点が大切なのです。

「こうしてほしいな」と甘えて言う場合、「こうしてほしい」と淡々と言う場合、「こうしてくれ！」と怒って言う場合では、受ける印象がそれぞれ異なるものです。

怒りをもって伝えるときは、力づくで相手に自分の要求を通したい状況です。

ですが、「力づく」で要求を通した場合、得なことばかりではありません。結局は、相手を不快にさせたり、反発されたりで、損な結果に終わることも多いものです。自分の要求の手法として「怒り」を使うことが「損」か「得」かを、もう少し考えてみる必要があるのです。

冷静に、客観的に考えて、「怒ることは損か、得か」という視点を大切にするようにしてみてください。

「怒り」はプラスのエネルギーにする

ここでは、「怒りをマネジメントする」という視点から、怒りにふりまわされることの弊害ばかりを書いてきました。

ただ、「怒り」は、ものごとを成し遂げるための大きなパワーになったり、自分を変革するための大事なエネルギーになったりします。

例えば、２０１４年にノーベル賞を受賞した中村修二さんは、「怒りが原動力となった」と述べています。

また、スポーツ選手が、相手選手への怒りをうまくプレーに消化して、勝つためのエネルギーに変えるなどはよくあることでしょう。

あるいは、手ひどくふられた経験から、「いい女（男）になってやる！」と、その経験をバネにきれいになって、次の恋愛に生かす人もいるでしょう。

「怒り」もプラスの方向、建設的な方向に向かえば素晴らしいエネルギーになりえるのです。

そもそも、「怒り」そのものをゼロにしたり、取り除くことはできません。

であれば、**その怒りを目的達成に生かすこと、人生にとって有意義な方向に向けることを考えることが重要なのです。**

それこそが「アンガーマネジメント」なのです。

怒りを感じたときにこそ、「建設的に」「プラスの方向に」「人生にとって有意義なものに」といったことを頭に入れるようにしてください。

今、「不機嫌な職場」が増えている理由

バラバラになった価値観が衝突を生む

最近、イライラしやすい人、キレやすい人が増えたといわれています。これはなぜでしょう。

例えば以前は、多くの日本人がなんとなく共有している考え方がありました。企業社会でいうなら、「年功序列」「終身雇用」といったものが典型例でしょう。

ところが近年、こうしたものが急激に崩れ、成果主義やワークライフバランスといった日本人にはあまり馴染みのなかった制度や価値観が主流になっています。

そうすると会社は家族といったような感覚がなくなります。結局のところ頼れるのは自分自身となり、会社ではなく、個人の価値観を優先するようになるのです。

人の考え方は十人十色です。基本的には誰の考え方が正しくて、誰の考え方が間違っているということはありません。

ただ、考え方や価値観の違いをお互いに認め合うことができずに、個人のやりたいことを優先させて仕事に臨んだらどうなるでしょうか。

そこにあるのは、感情のぶつかり合いです。

会社の利益といいながらも、優先させているのは「自分の考え」であり、「自分の立場」であり、「自分の欲求」だったりします。

今、職場は「不機嫌な人」であふれているといいます。

人が不機嫌になるのは、自分の考えや価値観がうまく通らないと思っているからです。

あなたのまわりにも、自分の思いどおりにならないとすぐに機嫌が悪くなってしまう人が多いのではないでしょうか。

社会で価値観の多様化が進んだ結果、イライラしやすい人、不機嫌な職場を生みだしているといえるのです。

忙しさがイライラを引き起こす

価値観の多様化のほかにもう一つ、イライラしたり、不機嫌になったりする人を増やす大きな要因があります。

それは、社会のスピードの速さです。

今、あなたはメールの返信をどれくらい待てるでしょうか。

仕事で重要な内容のメールを送った場合、返信に3日待てる人はいないでしょう。

私たちは数時間で返事がくるものと思い込んでいます。

あるいは友人や恋人とのラインでのコミュニケーション、「既読」になったら、すぐに返信してほしい、そう思う人も少なくないはずです。

それが裏切られるとイライラし、不機嫌になったりします。

東京－大阪間の出張はどうでしょうか。今や東京－大阪間の出張は交通機関の発達により、日帰りで行くことが当たり前のようになっています。

新幹線がアクシデントで止まると、イライラしませんか。忙しさを助けてくれるはずの便利なものが、かえって私たちのイライラや不機嫌の原因になることもあるという皮肉な現実です。

スピードアップした社会は、「怒り」を増やす原因にもなりがちです。

また、人件費削減のため人員が少なくなり、一人当たりの仕事の負荷が増えています。以前は三人でしていた仕事を今は二人でこなさなければならないといった例は身近にあふれています。

仕事が多くて忙しいと、それだけ短時間で何かを決めなければいけない場面が多くなります。

何かを決めるとき、人はそれぞれ自分の考えや価値観に照らし合わせて決めます。何かを決めなければいけない場面が多くなることとは、他の人と考えや価値観をすり合わせる場面が多くなるということなのです。

つまり現代は、考えや価値観が多様化した上に、さらにその考えや価値観をお互いにすり合わせる場面が多くなったという状況なのです。

当然ながら、価値観の違いにより衝突、トラブルが増えてしまうでしょう。

こうした時代に、私たちは生き、働いているのです。

イライラや怒りをマネジメントできないと、働きづらい、生きづらいのはある意味しょうがないことといえるでしょう。

第2章

「アンガーマネジメント」の仕組みを知る

動物としての人間の怒り

「戦う」か「逃げる」の二択

アンガーマネジメントの実践に入る前に、本章では、アンガーマネジメントの仕組みについてご説明していきましょう。

私たちを毎日のように悩ます「怒り」とはいったい何なのでしょうか。とても身近な感情なのに、実は、私たちは「怒り」についてほとんど何も知りません。

そのため参考になるので、まず、動物にとっての怒りとはどのようなものなのかについてお話しさせてください。

ここに一頭の熊がいます。

この熊のナワバリに見知らぬ熊が入ってきました。ナワバリの持ち主の熊は勝手に入ってきた熊をどうにかしなければいけません。どうにかしなければ、自分のナワバリを荒らされ、「安全に生きていく」ということをジャマされてしまうからです。

そして、ナワバリの持ち主の熊とナワバリに入ってきた熊が対峙しました。お互いにとって互いの存在は自分の身を危険にさらす存在です。

そこで、自分を危険にさらす相手に対して「怒り」をもちます。

怒りをもった熊の体には変化が表れます。

具体的にいえば、心臓を速く動かして体中に血液を大量に送ります。体中に血液を送り、筋肉を緊張させ、硬くすることで、相手が飛びかかってきた場合に備えます。呼吸は速く浅くなり、酸素を大量にとりこもうとします。筋肉の働きを活発化させるためには大量の酸素が必要だからです。

さあ戦闘準備は整いました。

勝てると思えば、一瞬のうちに相手に飛びかかり、戦います。相手が自分よりはるかに強そうで勝ち目がないと思えば、一目散に後ろへ逃げるのです。

これが動物にとっての怒りという感情の役割です。**「怒り」は、動物にとっては「戦う」か「逃げる」かの二つの選択肢しかありません。**

この目の前の敵に対して戦うか逃げるかという選択をすることを「闘争－逃走行動」と呼びます。

ここでは熊のナワバリ争いの例をあげましたが、熊の体に起きた変化と同じ変化を、私たちは怒ったときに経験します。

自分が怒ったときのことを思い出してみてください。

自分の体にどのような変化が起こるでしょうか。

心臓がドキドキする。怒ったとき、心臓がドキドキする人はいるでしょう。これは体中に血液を送っているのです。

筋肉が緊張する。体の筋肉が硬くなります。首や肩などに緊張を覚える人も多いのではないでしょうか。

気持ちが高ぶる。興奮することで自分のもてる力以上の力を出せるようになります。

呼吸が速く浅くなる。酸素を大量にとりこみ、筋肉の活動を活発化させるために血液に送りこもうとしているのです。

人間の「怒り」も基本的には動物の怒りとあまり変わりはありません。**自分を危険にさらす目の前の敵に対して「戦う」か「逃げる」かという選択をするための命令なのです。**

だから「怒り」は生きていく上で、とても大切な生存本能の一つではあるのです。

怒りは、生きていく上で不可欠な感情

ただ、動物と人間との違いは、私たち人間が動物よりももう少し複雑だということと、社会の中で暮らしているということです。

そのため、怒りを感じるままに、目の前の相手を攻撃する、あるいは、なんのフォローもなくその場から逃げ去ってしまうといった動物の「闘争－逃走行動」とまったく同じのような行動をとれば、どうなるでしょうか。

いくら怒りが本能であり大切なものだといっても、まわりの人と上手にコミュニケーションをとるということはできにくいでしょう。

頭にくれば相手をののしったり、相手を責めたり、あるいは、勝てないとなったら説明もなしにその場からいなくなったりするような人と人間関係を築きたいと思う人は少ないはずです。

動物と同じような「闘争－逃走行動」で人間関係を壊さないためにもアンガーマネジメントがあるのです。

怒りは、どのようにして生まれるのか

怒りが生まれるまでの3ステップ

では、次に怒りがどのようにして生まれるのかを説明していきます。

人は怒りを感じるとき、**49ページ図****の3段階をふみます。**

第1章で紹介した「すれ違いざまに誰かと肩がぶつかった」という例を思い出してみてください。

「誰かと肩がぶつかった」という同じ「出来事に遭遇」したとしても、「怒らない」ことも「怒る」こともありました。好きな人と話しているときはなんとも思わなかったのに、上司に怒られイライラしているときはカチンとくる。

つまり第1段階である「出来事に遭遇」と第3段階の「怒りの発生」はイコールで

はないのです。

だからその出来事で自分が怒るかどうかは、第2段階の「出来事の意味づけ」にかかってくるのです。

では、その怒りが生まれるまでの3段階について、もう少し詳しく具体例をあげながら説明していきましょう。

ふだんから営業で車に乗る飯嶋さんは、ある出来事に遭遇し、運転しながらうなるように「ぜったい俺の前にはわりこみさせないぞ」と言いました。

飯嶋さんは、他の車線を走ってきた車がわりこもうとしているのを見て腹を立てているのです。

「ズルしやがって、ムカつくな！　他の車もあいつを絶対わりこませるなよ」

では、飯嶋さんの怒りはどのように生まれたのでしょうか。

実は飯嶋さんは、次のような段階をへて怒りを感じています。

怒りが生まれるまでの3段階

第1段階

「出来事に遭遇」

何らかの出来事があったり、
誰かの言動を見たり、聞いたりします。

↓

第2段階

「出来事の意味づけ」

その出来事、誰かの言動などが、
どういうことなのかを考え、意味づけをします。

↓

第3段階

「怒りの発生」

意味づけをした結果、自分が許せないものであれば
怒りが生じます。

第1段階「出来事に遭遇」

飯嶋さんはわりこみをしようとする車を見ます。

第2段階「出来事の意味づけ」

「わりこみをする」ということがどういうことなのかを考え、意味づけをします。

飯嶋さんは、このように考えました。

「この車はズルしてわりこもうとしている。ズルはダメだ。ズルした人が得するべきじゃない」

第3段階「怒りの発生」

「ズルは許されるべきじゃない、真面目に並んだ人間が損してはいけない」と意味づけした結果、怒りが生まれました。

そして、飯嶋さんはわりこみをさせないように前の車との車間距離をつめるという行動に出たのでした。

これが飯嶋さんにとっての怒りが生まれる3段階です。

ムカッとくるのは、とらえ方しだい

一方、飯嶋さんの後ろの車のドライバーは、同じ状況で、いとも簡単にわりこみを許しました。後ろのドライバーは、わりこみする車を見てもなんとも思わず、車が入ってこようとしていたので前の車との車間距離をあけたのでした。

飯嶋さんと後ろのドライバーが見たものは一緒です。「1台の車がわりこもうとしていること」です。

しかし、その車に対して、飯嶋さんが意味づけしたことと、後ろのドライバーが意味づけしたことはまったく違いました。

怒りを抱くときに、とても重要なのが、先ほどの「怒りの生まれる3段階」の第2段階「出来事の意味づけ」なのです。

出来事をどう意味づけするかで、「怒る」のか「怒らない」のかが決まります。

飯嶋さんはわりこみしようとする車の意味づけをする際、「ズルしてわりこもうとしている」と受け取りました。

本当は、その車が悪意をもってズルしてわりこみをしようとしているのかどうかはわからないはずですが、飯嶋さんはそう思い込んだのです。

そして、「ズルをした人間は報われるべきではない」「真面目に並んだ人間が損すべきではない」という考えから、怒りを感じたのです。

もしかしたら、わりこみをしたドライバーは、身内が危篤だったり、仕事の不測の事態だったりで、やむなく急いでいたかもしれないのに、です。

一方で、後ろのドライバーはわりこみに関して、とくに強い意味づけをしていません。「あ、急いでるのかな」くらいの意味づけしかしませんでした。

両者のこの「意味づけ」の違いが怒りが発生するかしないかを決めたのです。

コアビリーフがあなたの怒りを左右する

人は、自分で自分を不快にする

私たちは出来事や誰かの言動などを見た際に、自分が信じていることや、自分の価値基準と比べて、その出来事を正しいのか、間違っているのかといったように判断します。

先ほどの例の飯嶋さんは「ズルしたヤツは報われるべきではない」「真面目に並んだ人間が損すべきではない」という価値基準をもっています。

この二つは、飯嶋さんが日頃から信じていることであり、飯嶋さんが何かを判断するときの価値基準です。

この私たちがふだん信じているもの、判断の価値基準にしているものをアンガーマ

ネジメントでは「コアビリーフ」と呼びます。

コアビリーフは私たちの怒りに深く関係しています。

もし飯嶋さんが、「わりこみをする車はズルをしているに決まっている」「わりこみはズルで、ズルしたヤツは報われるべきではない。真面目に並んだ人間が損すべきではない」という価値基準をもっていなければ、わりこみをする車を見ても、とくに怒りはもたなかったでしょう。

コアビリーフは価値観の辞書

私たちは出来事や誰かの言動を見たり聞いたりしたときに、**自分の価値基準、「コアビリーフ」に照らし合せて、それがどういうことなのかを考え、意味づけをします。**

コアビリーフは自分の辞書のようなものと考えてもよいでしょう。

そして、その出来事や誰かの言動を、自分のコアビリーフに照らし合わせて認識し、間違っていると思ったり、納得がいかなかったりすれば怒りを感じます。

コアビリーフは、私たちが生きている中で覚えたり、学習したり、経験したりすることで、自然と積み重なってできあがるものです。

私たちはあらゆる事柄に対して自分のコアビリーフをもっています。

例えば、「女は控え目でいなければいけない」というコアビリーフをもっている人は、強く主張する女性を見たら「女らしくない」とまゆをひそめるでしょう。

「会社には絶対服従するものだ」というコアビリーフをもっている人は、会社に意見する人を敵対視するでしょう。

「上司が残業しているうちは部下は残業するものだ」というコアビリーフをもっている人は、残業しないで帰ってしまう部下を、仕事ができるとは評価しないでしょう。

「コーヒーに砂糖は入れるものじゃない」というコアビリーフをもっている人は、砂糖の入った甘いコーヒーを出されたら不愉快な思いをするかもしれません。

私たち個人がどのようなコアビリーフをもとうが、それは個人の自由です。

コアビリーフは本当に人それぞれです。コアビリーフに他人の理屈や一般常識は通用しません。

本人にとっては、自分が信じているコアビリーフが唯一の真実で、一番正しいことなのです。

ただ問題なのは、歪んだコアビリーフがあることによって、出来事や誰かの言動を、自分やまわりの人にとってマイナスに認識してしまうことです。

その場合、自分のコアビリーフは修正していかないと、まわりの人と上手な人間関係をつくっていくことが難しいでしょう。

コアビリーフがとても自分勝手なものであったり、現実的なものでなかったりすると、自分にとって都合よく認識したり、事実とかけ離れた認識をしてしまいます。

そうすると、まわりの人との間の認識がずれて、それを受け入れられないと判断すると、そこに怒りが生まれるのです。

アンガーマネジメントをしていく上では、自分がいったいどのようなコアビリーフをもっているのかを知ることが重要です。

自分のコアビリーフを知ることができれば、自分がどうしてその事柄に腹を立てているのかわかるようになるからです。

そして、そのコアビリーフが、まわりの人と上手にコミュニケーションをとりながら仕事をしたり、生きていく上で、障害となるものなのかどうかを知ることができるからです。

もし、そのコアビリーフが障害となるようなものであれば、障害ではなくなるようにコアビリーフの修正に取り組んでいけばよいのです。

アンガーマネジメントの全体像

健全な人間関係をつくり上げるための技術

アンガーマネジメントは、「『怒り』の感情をコントロールすることで、健全な人間関係をつくり上げていくための技術」です。

そして、それを実現するために、アンガーマネジメントで具体的にやっていくことは大きく分けると二つになります。

それは、「行動の修正」と「認識の修正」です。

「行動の修正」とは、「怒りのままに行動しない」ということ。つまりは、「『怒り』によってまわりの人と良好な人間関係を築くことを邪魔する行動をとってしまうのであれば、それは直していきましょう」ということです。

もう一方の**「認識の修正」とは、簡単にいえば「頭の中を怒りにくい仕組みにする」ということ。**つまり、「もしあなたのコアビリーフがあなた自身やまわりの人にとってマイナスになる『怒り』を生み出すようなものであれば、それは直していきましょう」ということです。

ではもう少しわかりやすいように、実際のケースで「行動の修正」と「認識の修正」を考えてみましょう。

市川さん（32歳、電機メーカーA社勤務）は、業界標準を決める業界の会合に会社の代表として出席しています。

市川さんは会合参加者の中では最年少ですが、仕事はとてもでき、どちらかというとはきはきと物怖《ものお》じせず発言をするタイプです。そして、その会合に参加している他の会社の人と感情的な対立で問題を抱えていました。

市川さんの問題の相手の森さん（40歳、電機メーカーB社勤務）は、会合の幹事役を務めている方です。

市川さんは、ある頃から森さんがどうも自分のことを快く思っていないのではないかと思うようになりました。

とくに明確な理由があったわけでも、森さんが自分のことを嫌っているということを聞いたこともなかったのですが、そのような印象を受けたのでした。

そう思い始めると、森さんの発言がいちいち気になるようになります。

例えば、森さんが、「市川さんはまだ若いからわからないと思うけど……」と前置きすれば、「若いからって俺をバカにしてるのか？」と思い、「市川さんのところがもう少し折れてくれればねえ……」と言われれば、「うちばかりがワガママ言ってるわけじゃない。俺のことが気にくわないのか」とイライラします。

そんなことを繰り返すうちに、市川さんは森さんと話をするのがイヤになってしまったのです。そして、逆に森さんの気にさわるような皮肉をあえて言ってみたり、他の参加者に森さんの批判をしたり……。森さんとの関係はもとより、会合自体の人間関係も悪化していきました。

さらには、会社の責務を上手に果たせていないことで、自分自身に対しても不満を募らせ、責めるようになっていったのです。

そして、今の自分の問題をどうにかしたいと思い、私のところへアンガーマネジメントの相談を受けにきたのでした。

行動の修正……怒りのままに行動しない

このケースの場合の「行動の修正」と「認識の修正」とは何でしょうか。

アンガーマネジメントの「行動の修正」と「認識の修正」はセットです。どちらかだけを修正するということはありません。認識の修正から始めるのか、行動の修正から始めるのか、どちらから始めるのかは人によって変わります。

市川さんの場合は、「森さんに対する発言が建設的なものではない」「会合で他の参加者から市川さんの行動を問題と思われてしまっている」ために、まずは「行動」から変えたほうがいいと判断しました。

行動の修正には、「衝動のコントロール」と「長期的な行動の修正」の二つがあります。

「衝動のコントロール」とは、要するに、カッとなったときによけいなことを言わない、しないといったことです。

市川さんの場合であれば、とっさに「森さんの気にさわるような皮肉をあえて言う」「他の参加者に森さんの批判をする」という行動を変えることです。

具体的なテクニックについては後ほど第4章で詳しく説明しますが、市川さんにはまずは衝動のコントロールを実践してもらったのです。

そして、衝動のコントロールをしながら、「長期的な行動の修正」にも取り組みました。

市川さんに必要な「長期的な行動の修正」は、コミュニケーションのやり方です。森さんに対して何か不満があるのだとしたら、誤解や不快感を生む言葉を避けつつ、上手に自分の意見が主張できるようコミュニケーションの仕方を学んでもらったのです（詳しくは第7章参照）。

このように「行動の修正」とは、「衝動のコントロール」をしつつ「長期的な行動の修正」をはかるということです。

認識の修正……頭を怒りにくい仕組みにする

次に「認識の修正」についてみていきましょう。

アンガーマネジメントでは、たいていの場合、「認識に問題があるから問題のある行動をする」というのが定説です。つまりコアビリーフが歪んでいるのです。このコアビリーフの歪みを知り、少しずつまわりの人や自分を苦しめないものに変えていくのです。この自分独自のコアビリーフによる認識の歪みを正すのが「認識の修正」です。

では、同じく市川さんの例で具体的にみていくことにしましょう。

市川さんには、まずは、怒りを感じたときの状況や心理状態を書き出してもらいました。怒りを記録してもらったのです。この怒りを記録することをアンガーマネジメントでは「アンガーログ」といいます（詳しくは第5章参照）。

そして、「森さんに発言の真意を確かめていないのに、『森さんは俺のことを嫌っている』という観点のもとに発言を曲解している」ということを、自分で把握してもらいました。

市川さん自身の認識のエラー、つまり「森さんはこういう人」という思い込みが、自分の怒りをつくっていることを理解してもらったのです。

これが基本の「認識の修正」です。

そして、一歩踏み込んで、森さんとの一件以外にも、怒りを感じる場面をアンガーログとして書き出してもらい、じっくり分析してもらうことにしました（詳しくは第5章参照）。

そうすると、市川さんは、「注意をされたり、違う意見を出されたときに、自分を否定されたと感じる」というコアビリーフがあると気づきました。

「注意される」という行動で、「なるほど。親切な人だな」と思う人もいれば、市川さんのように「俺のことが嫌いなんだな」と思う人もいます。

市川さんは後者です。そして、市川さんの中に「注意をする人は俺のことが嫌いな人だ」というコアビリーフがあるために、森さんの言動を認識するときにエラーが起こるのです。

「君はまだ若いからわからないよね」という森さんの言葉を、「俺をバカにしているのか！」ととらえ、「市川さんのところがもう少し折れてくれれば」を、「俺のことが気にくわないのか」ととらえるのです。

「森さんは自分を嫌っている」「嫌っている人を森さんは攻撃するタイプの人だ」などという思い込みを解消できれば、森さんの言動を見て、いちいち怒ったり、イライラしなくてすみます。

よって市川さんには、「注意は、悪意から言われるものばかりではない」「人の意見は違って当然だ」というようにコアビリーフの歪みを変えていってもらうようにしました。

この市川さんの例からもわかるように、「認識の修正」とは、まず自分がどうして怒るのかを記録し、客観的に把握することが基本です。

さらには、どういうコアビリーフをもっているから怒りを抱きやすいのかを記録を見ながらじっくりと考えていくことが大切です。

その上で、「自分のコアビリーフはこうだ」と気づくこと。そして、そのコアビリーフが、自分やまわりの人にとって、マイナスになるものであるのならば、それをじっくりでいいから変えていくのです。

これが「認識の修正」の応用です。

修正法は、人それぞれ異なる

アンガーマネジメントの仕組みは大きく分けて「行動の修正」と「認識の修正」の二つです。

どちらから始めないといけない、という決まりはありません。個々のケースに合わせて、両方を組み合わせながらアンガーマネジメントを行います。

アンガーマネジメントの仕組み

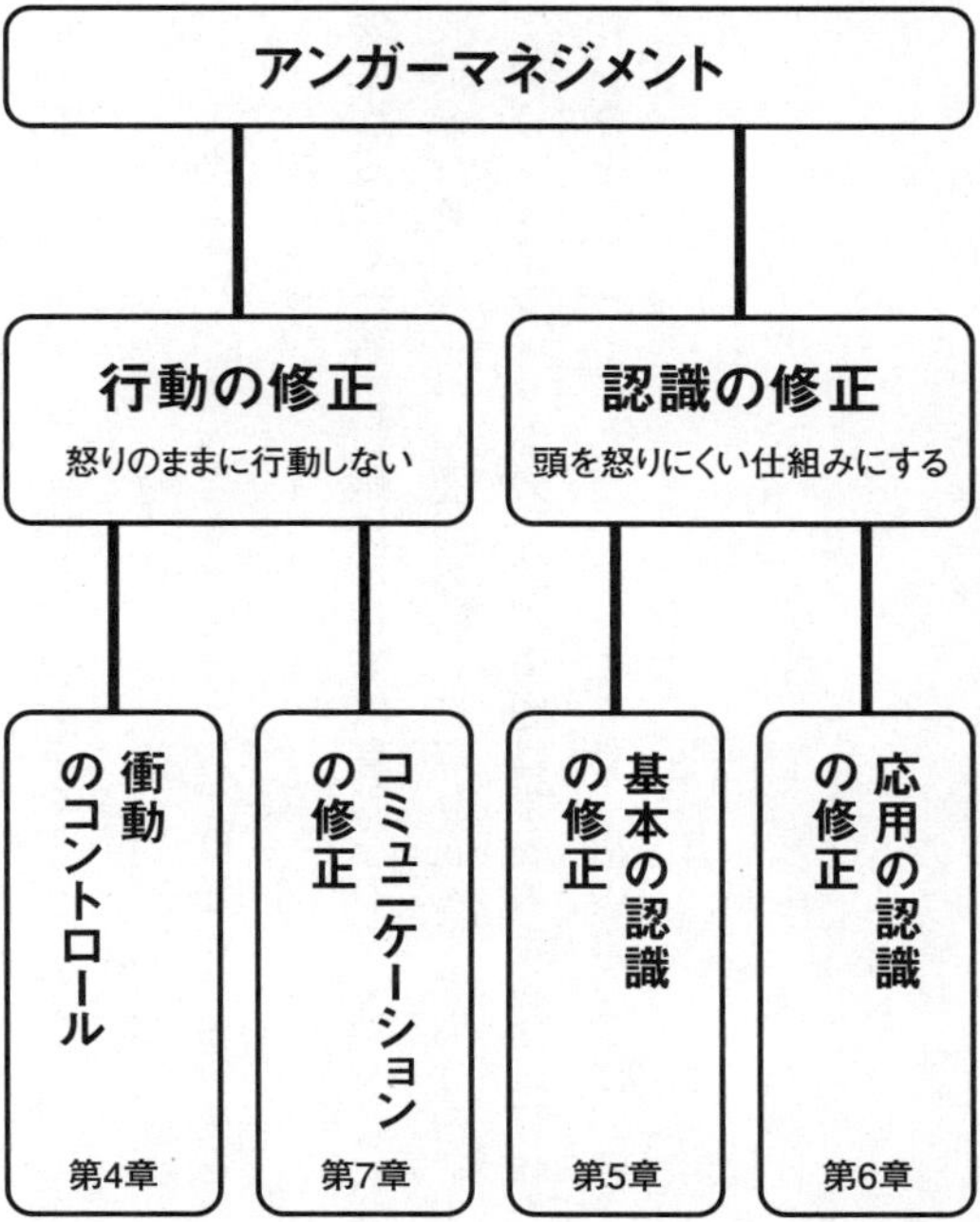

ですが、初めてアンガーマネジメントを行う場合、市川さんの例にもあるように、まずは「短期の行動の修正」である「衝動のコントロール」を学ぶことをおすすめします。

このことで、とりあえずは、カッとなったときに、問題のある行動をとらないようにやりすごすことができます。

根本的な解決にならなくとも、対処法としては有効なのです。

その上で、長期の行動の修正や、認識の修正に取り組んでもらうのです。

ここまでのアンガーマネジメントの仕組みを図にまとめました（67ページ図参照）。

さて、その仕組みをわかっていただいたところで、次の第3章にいきましょう。

第3章

まずは、「なりたい自分」をイメージする

「何が原因か」よりも「どうなりたいか」を優先する

ソリューションフォーカスアプローチ（解決策に焦点）が基本

本章では、アンガーマネジメントの実践に入る前に知っておいてほしい、とても大切な基本の考え方について学びましょう。

その大切な考え方とは、

「『なぜ自分は怒るのか？』の原因を徹底して追究するよりも、『自分は怒りをコントロールしてどのようになりたいのか？』を思い描いていこう」

ということです。

これを「ソリューションフォーカスアプローチ」と呼びます。ソリューション（解決策）にフォーカスする（焦点を当てる）ということです。

アンガーマネジメントは、このソリューションフォーカスアプローチという理論をベースにしています。

ソリューションフォーカスアプローチとは、問題の原因を過去にさかのぼって探すよりも、まずなりたい状態をイメージし、そのなりたい状態と現実の間にあるギャップを見つけ、ギャップを埋めるためにはどうすればよいのかを考え、実行していくことです。

原因の追究は百害あって一利なし

例えば、どうしても腹の立つ、許せない上司がいたとします。

その上司をどうして許せなくなってしまったのかという原因をいくら追究したとしても、ムカつくことばかりが思い出され、やっぱりムカつく人なんだという結論を出してしまうかもしれません。

怒りの原因を追究するということは、過去にさかのぼって、過去の怒りの感情をも思い出していくことです。

その際、**かつてのその怒りの感情を思い出し、怒りを強めたり、新たな怒りを付け加えてしまうことがあります。**

上司にムカつくことを言われたときを思い出すと、感情は、今言われたことのように腹が立つと感じるのに、言われたときの状況・経緯の記憶は、意外とあやふやだったりするものです。

すると「ムカつく」という感情に引っぱられて、そのときの上司の顔がすごく嫌味なものだったように思えたり、大勢の前で言われ、恥をかかされたかのように感じたり……。自分の怒りを正当化する方向に、状況や経緯の記憶を書き換えてしまうことがよくあるのです。

つまり、今、思い出して感じている怒りと、当時感じていた怒りとでは別のものになってしまっている。

このような「思い出し怒り」を何度も繰り返していくと、軽い怒りもいずれは憎悪や怨恨といった、とても強い怒りになってしまうことすらあります。

だから、怒りのコントロールが上手にできないうちは、あまり怒りの原因を追究しないほうがいいのです。

そうではなく、先ほどの例なら、**「どうすれば上司と上手に関係をつくっていくことができるのだろう」と考えたほうが、積極的に問題を解決できるようになります。**

「今、できること」に目を向けよう

もっと具体的にお話しすると、まず、「上司と上手に関係がつくれた場合には、どういうふうに上司と会話をしているのか、自分はどのような感情で上司と向き合っているのか、上司は自分に対してどのような態度になっているのか、周囲の反応はどのように変わっているのか」といった理想の場面をイメージします。

次に、そのなりたい状態と現実との間にあるギャップはなんなのかを見つけます。

例えば、なりたい理想の状態では、上司とお互いに目線を合わせて会話をしているけれども、現実にはお互いに相手の目を見ずに会話しているのであれば、そのギャップを埋める行動は「目を合わせて会話をする」です。

そして、そのギャップを埋めるために必要な行動を実践していくのです。

これまでは見ることのなかった上司の目を見て話を聞くといったことは、すぐにでもできる行動で、相手も気づく小さな変化です。

こうした小さな変化をいくつもつくり出していくことで、いずれは上司との関係を大きく変え、良好にしていくことも想像してください。

そして、その行動の変化を積み重ねているうちに、あなた自身の感情も変化していくでしょう。さらには上司の感情、態度も自分の目指すなりたい状態に近い形になっていくことをイメージしてみてください。

このように具体的に、怒りをコントロールして「なりたい自分」をイメージトレーニングするのです。

ただここで気をつけてほしいのは、**途方もない状態を「なりたい自分」と考えないことです。**

現実には自分にできること、できないことがあります。

自分の力ではどうにもならないようなことを自分のなりたい状態としてイメージしてしまうと、「なりたい自分」になれずに苦しんでしまうことになります。

なりたい状態になれないのは、本人の努力が足りないからでも、まわりが悪いからでもありません。

なりたい状態になれないからといって、自分を責めたり、まわりの人にあたったり、社会を恨んだとしても自分が苦しくなるだけです。

現実には思いどおりにならないことはいくらでもあります。それを受け入れた上で、自分は何ができるのかを考えるということが重要です。

大事なことなので重ねてお伝えしますが、**怒りという感情は、あなたの選択です。**ある出来事、誰かの言動に対して「怒る」も「怒らない」もあなたしだいです。

アンガーマネジメントを実践していくということは、**自分の感情は、自分自身の責任であるということを自覚していくことでもあります。**

「なりたい自分」の思い描き方

ミラクルデイ・エクササイズ

アンガーマネジメントでは、怒りの原因を追究するよりも、自分は怒りをコントロールしてどのようになりたいのかというソリューションフォーカスアプローチの視点を重要視すると述べました。まずは自分がどのような未来をつくりたいのか、あるいは、自分が怒りをコントロールできるようになると、どのような状態になれるのかということをイメージしてほしいのです。

では、具体的に「なりたい自分を思い描く」とはどういうことでしょうか。

ここで、アンガーマネジメントで、「ミラクルデイ・エクササイズ」と呼ばれているテクニックをご紹介しましょう。

ミラクルデイ・エクササイズでは、あなたが怒りをコントロールすることができて、自分の思うように感情を表現し、上手にコミュニケーションをとっている日がやってきたとして、その日はどのような日になっているのかを具体的に想像するのです。

では、実際にミラクルデイ・エクササイズをやってみましょう。

質問をしますので、答えを考えながら読み進んでみてください。答えはできるかぎり具体的に答えてください。紙に記入するのもいいでしょう。

あなたにとって、イライラ、ムカムカしない、怒りにふりまわされない、「理想の日」がやってくるとします。その日はどのような日なのでしょうか。

あなたが怒りをマネジメントできていて、まわりの人と上手にコミュニケーションがとれ、仕事が楽しくできる日です。

感情と行動が、どのように今と違うのかを考えてみてください。

あなたが、怒りをマネジメントし、周囲とうまくコミュニケーションがとれるようになったとして――――。

Q1 誰が最初にあなたの変化に気づくでしょうか。

Q2 その人はあなたのどのようなことに気づくでしょうか。

Q3 そして、その人はなぜあなたの変化に気づくのでしょうか。

Q4 そして、何をあなたに言ってくるでしょうか。

Q5 他には誰があなたの変化に気づくでしょうか。

Q6 その人たちはどのようなことに気づくでしょうか。

Q7 なぜその人たちはあなたの変化に気づくのでしょうか。

Q8 変化に気づいたら、あなたに向かってなんと声をかけてくるでしょうか。

Q9 あなた自身は自分のどのような変化に気づくでしょうか。

Q10 感情面ではどのように変化しているでしょうか。どのような感情をもっているのでしょうか。

Q11 行動面ではどのように変化しているでしょうか。それは今日とは違った行動のはずです。いったいどのような行動なのでしょうか。

Q12　あなたにとっての理想の日を10段階の10とすると、今日は何段階にいるでしょうか。
Q13　どうしてそのように思うのでしょうか。
Q14　最近、自分の理想の日に最も近い日があったとしたら、10段階のうちのどれくらいだったでしょうか。
Q15　その日は何をしていた日でしょうか。
Q16　誰と一緒にいましたか。
Q17　その人はあなたのことをどう思っていたでしょうか。

このように、理想とする一日にあった出来事を詳しくイメージするのです。当たり前のことですが、「理想の日」とこれを書いている「今日」との間にはギャップがあります。理想の日を考える時は、何の制限もかけず、心から理想と思える日を想像してください。

「竹内さんの理想の一日」に学ぶ

では、ここで一例として、商社勤務の竹内さんのミラクルデイ・エクササイズの一部を一緒に見てみましょう。

竹内さんにとっての理想の日は――――。

出社すると自分から上司、同僚、アシスタントに「おはよう」と元気にあいさつすることから始まります。

Ｑ１の「一番最初に竹内さんの変化に気づく」のは、アシスタントです。竹内さんは、いつもは表情もなく、聞こえないぐらいの小さい声であいさつして席につくのですが、この日の竹内さんは笑顔であいさつをしながら席につきます。

そして、アシスタントは「おはようございます、竹内さん。今日は朝からなんだかご機嫌（Ｑ２）ですね」とあいさつを返してきます（Ｑ４）。

上司も竹内さんの変化に気がつきます（Q5）。「おはよう、竹内くん。今日はなんだかいつもと違って朝から元気だな（Q6）」と声をかけてきます（Q8）。

竹内さん自身はとても気分がいいことに気づいています（Q9）。「みんなが自分のことを気にかけてくれている。すごく気分がいい。一日仕事をやってやるぞっていう気分になる」（Q10）

気分がいいと、自分から進んで上司のところへ行って問題となっている案件の相談をしたり（Q11）、同僚に積極的に話しかけて情報交換をしたり（Q11）、海外の取引先にメールを送るのも、まったく面倒ではなくなっています（Q11）。

この理想の日を10段階の10とすると、このミラクルデイ・エクササイズをしている今日の自分は5段階くらいだと思いました（Q12）。

なぜなら、「まず自分からあいさつをしていくことができない。上司にはなるべく話しかけたくないと思っているし、同僚ともできればそんなに話したくない。海外の取引先にメールを送るのも面倒だ」と思っているからです（Q13）。

最近のことをふり返ると、自分の理想に最も近い日は1カ月前くらいのことでした。

その日は、10段階のうち8段階くらいの日です（Q14）。

その日、難航していた契約がとれたのです（Q15）。海外からOKのメールが届き、それを読んだ瞬間、ほっとすると同時にとにかく嬉しかったことを覚えています。チーム全員で喜びました（Q16）。

そして、自分があまりにも喜んでいるので、チームのみんなが、いつもの自分じゃないと驚いていました（Q17）。


いかがでしたか。これがミラクルデイ・エクササイズです。

このミラクルデイ・エクササイズは、家などの落ち着いた環境で行ってください。なるべくリラックスした状態で理想を思い描くのです。

描く際は、できるだけ具体的に思い描くことをおすすめします。

ポイントは何の制限もかけずに自分の理想の日をイメージすることです。

「なりたい自分」のプラス面を実体験する

「怒らない自分」を演じきる24時間アクトカーム

もう一つ、アンガーマネジメントの実践をする上で、大切な練習をしましょう。

それは、「自分がもし怒らなかったら、まわりはどのような反応をするのか」を体験することです。

そのために、「24時間アクトカーム」というものを行います。

24時間アクトカームとは、実際の生活の中で、**「感情はどのようであったとしても、表面的にはとにかく24時間穏やかにふるまう」**というものです。

この方法では、**自分が怒らないと周囲はこんな反応をするのだ、ということを、少しでいいから実際に体験してもらうことが大切**です。

できるだけ表面的でも、演技でもいいので、怒らないようにふるまうのです。実際に怒りがコントロールできて、まわりの人と上手にコミュニケーションがとれるようになった自分に24時間なりきってください。

自分が変われば、まわりも変わる

まず、「24時間アクトカーム」をする際のポイントは、

「怒ろうが、イライラしようが、ムカつこうが感情は関係ない。どんな感情をもったとしても、表面的には徹底して穏やかにふるまう」

ということです。

たとえカチンとくることがあっても、「今は24時間アクトカーム中だから、とにかく穏やかな自分を演じるんだ」と強く思い、ぐっとこらえてください。

24時間アクトカームを行い、徹底して穏やかにふるまうことで、自分にどのような変化があるのか、周囲の人にどのような変化があるのか、周囲の人が自分を見る目に

どのような変化があるのかということを知ることができます。

イライラしがちな人、怒りっぽい人は、いかに自分を変えずに周囲の人を変えるかということに考えがいきがちです。

ですが、**自分を変えずに他人を変えることは難しいもの。**

だから、ほんの少し自分の行動を変えるだけで、まわりの人の反応が変わることを実感することはとても大切なことなのです。

さらに、24時間アクトカームを実践する際は、まわりの人たちに、

「私は、今から24時間ずっと怒らないでいるようにします」

というように宣言してください。

これにより、真剣に24時間アクトカームに取り組むことができます。

また、自分が穏やかでない行動をした場合にまわりの人たちからチェックをしてもらうことができます。

24時間アクトカームはできるなら、日をあけて何度もやってください。

また、必ずしも24時間でなくても、「就業時間中の8時間」など状況と時間を区切

ってもかまいません。

要は、一定の期間怒らない自分を演じることによって、「怒らないで過ごした際のまわりの反応」を体験できればいいのです。

この24時間アクトカームを何度もやっていくうちに、「怒らないあなた」に対するまわりの反応はよいものに変わっていくことでしょう。

あなたが怒らないと、あなたが思っている以上に多くのメリットを実感することができるはずです。


本章では、アンガーマネジメントの実践に入る前に、とても大切なことをご紹介しました。

「ソリューションフォーカスアプローチ」という視点をもち、怒りをマネジメントすることで、自分はどうなりたいのかをきちんとイメージすること。

24時間アクトカームにより、「怒らないで過ごすっていいな」と実感すること。

この二つをアンガーマネジメントの実践に入る前に理解しておくことが重要です。

第4章 カチン！ムカッ！ときたときの感情の抑え方

「キレる衝動」は必ず抑えられる

すぐに使える「衝動のコントロール」の技術

さて、いよいよアンガーマネジメントの実践に入ることにしましょう。

本章では、「衝動のコントロール」をご紹介します。これは、アンガーマネジメントの「行動の修正」の中の「短期の行動の修正」に当たります。

アンガーマネジメントの最終目標は、自分なりに怒りをコントロールできるようになって快適な日々を送るようになることですが、それにはある程度の時間が必要です。

認識の修正や行動の修正をする間にも、「ついイライラしてまわりにあたってしまう」「カチンときてよけいなことを言ってしまい、あとで後悔する」「怒りが爆発して信頼を失ってしまった」といった状況に陥ることもあるでしょう。

「衝動のコントロール」のテクニックは、そんなときに役に立つものです。衝動的に怒ってしまい、損したり、後悔するのを防ぐためのテクニックです。

これを身につけるだけでも、ぐっとまわりの反応は変わってきます。**読んですぐ実行でき、効果も見えやすいテクニックです。**

人は、反射反応のように自動的には怒らない

ところで、そもそも「怒りの衝動というのはコントロールできるものなのか」という疑問をもつ人もいるかもしれません。

「衝動」というからには、「お湯にさわって熱いと感じる」ような一瞬のうちに起こる反射で、自分で意識してコントロールできるものではないと思っている人です。

しかし、本当のところは、怒りの衝動は反射反応とは違います。

例えば、誰かがあなたに対してムカつくことを言ったとします。

その相手の発言に対してカッとなって衝動的に何かを言い返したとします。

この二つの間には、実は頭の中では左ページのような段階がふまれていました。

よく「衝動的にキレてしまう」「瞬間湯沸かし器のように一瞬にして怒る」といいますが、アンガーマネジメント的にいえば、これは正しくないのです。

人は身体の反射反応のように、自動的には怒りません。怒りの感情が生まれるまでには、人はいくつかの段階をふむのです。だから、**私たちはその段階の途中で、衝動をコントロールできるチャンスがあるのです。**

では、実際に衝動的な怒りが起こったときの効果的な対処法のテクニックを見ていくことにしましょう。

衝動的に言い返した場合の段階

段階1　誰かがあなたに対して何かを言いました

↓

段階2　あなたはそれが
何を意味しているのかを考えました

↓

段階3　考えた結果、自分をバカにしている、
侮辱しているなどと受け取った結果、
怒りの感情が生まれました

↓

段階4　怒りの感情に支配され、
怒りを晴らすために
相手に対して言い返したのでした

「カチン！」「ムカッ！」ときたら、このテクニック

ストップシンキング……頭の中に空白をつくる

美佐子さん（28歳）は、もうちょっと痩せたいなと思い、一生懸命ダイエットに励んでいます。ある日の美佐子さんと同僚女性とのランチ中の会話です。

同　僚「美佐子、最近、少し痩せたよね？　ダイエットでもしてるの？」
美佐子「うん、そうなの。ただ、あと2キロがなかなか落ちないのよね」
同　僚「でも、無理してない？　大丈夫？」
美佐子「うん、大丈夫。炭水化物を抜いてるだけだから、野菜やきのこなどはちゃんとバランスよく食べてるし」
同　僚「へ～！　炭水化物抜きダイエット！　でも、炭水化物も、少しは食べたほ

うがいいんじゃない？　エネルギーになるっていうよ」

美佐子「（少しムッときて）そうかもしれないけど、炭水化物抜くとけっこう一気に落ちるんだよね」

同　僚「そういうもんなんだね。白いごはんとか、パンとかおいしいのに」

美佐子「全然、食べないわけじゃないよ。友だちと外食するときは食べたりするの。その代わり、翌朝の朝ごはん抜いたりして調整しているんだ」

同　僚「え～！　朝ごはん抜いたりしたら、よけいに健康に悪くない？」

美佐子「（ムムッときて）ちゃんと昼ごはんも晩ごはんも食べているから平気よ。なんで私のダイエットにそんなに文句言うの⁉」

同　僚「ごめん……」

同僚にしてみれば、美佐子さんのダイエットを全否定したわけでも、文句を言いたかったわけでもありません。単純に思っていることを口にしたにすぎないのです。

なのに、美佐子さんは、ムッときて、思わず強い口調で言い返してしまいました。

ただ、多くの人が、美佐子さんのように、一生懸命やっていることを否定されれば、ムッときたり、カチンとくるものです。

一生懸命書いた企画書にダメ出しされたり、会議で真剣に意見を言ったら、「君はわかってない」なんて上司に返されたり。

あるいは、子どものことを心配したら、「うるさい」と言われたり、一生懸命つくった料理を「あんまりおいしくないな」と言われたり。

日常のささいなことも含めたら、カチンとくる場面は多いものです。

とはいえそんなとき、美佐子さんのようにいちいち言い返してしまっては、人間関係にひびが入ってしまいがちです。また、仕事で上司の発言にカチンときて反論したら、仕事に響くことだってあります。

こうした発言は、「言わなきゃよかった」と後悔しても後の祭り、発言はなかったことにできません。

そこで、**ムカつくことを言われたときなど、とっさによけいなことを言わない、行動しないために、「ストップシンキング」という方法を覚えましょう。**

ストップシンキングとは、文字通りすべての思考を止めることです。つまり、怒りの感情のもとになる出来事の意味づけや、思考そのものを停止することです。

本章の冒頭に書いたとおり、とっさに何かを言い返したりするのは、一瞬の出来事のように思えますが、いくつかの段階があります。

美佐子さんの例でいえば、

1. 同僚が美佐子さんのダイエットについて、違う意見を言う
2. 美佐子さんは同僚の発言を聞いて、どういう意味なのかを考える
3. 考えた結果、自分がしてきたことを「否定された」というふうに認識し、怒りの感情が生まれる
4. 怒りの感情から、少し強めに言い返してしまった

といった流れになります。

ほんの一瞬のことのように思えますが、実はこのような段階をふんでいるのです。

だから、この流れを遅らせたり、止めるために、誰かに何かを言われてムカッとき

たときは、自分自身に向かって心の中で、

「止まれ!（STOP）」

と言うのです。

そして、相手が言ったことに関して「なぜそのようなことを言ったのか」「言われたことに対してどう返そうか」といったあらゆる思考を止めます。

ポイントは、**相手がそう言ったことの理由や原因、この先どうすればいいのかといったことも含め、「一切のことを考えない」こと。**

頭の中を真っ白にする、あるいは空白をつくるといってもいいでしょう。あらゆる思考を止めることで、反射的に何かを言ったり、したりすることを遅らせる、あるいは止めることができるようになります。

ディレイテクニック……反応を遅らせる

「ストップシンキング」のような、怒りの反応を遅らせるテクニックを「ディレイテクニック」と呼びます。「ディレイ」とは、「遅らせる」という意味です。

例えば、ムカつくことを言われたときに、深呼吸をするだけのこともディレイテクニックの一つです。

怒りを感じた瞬間、何も考えずに深くゆっくりと大きな呼吸を4、5回するのです。これだけのことでもずいぶんと違います。

あるいは、「カウントバック」といって、「100、97、94、91……」といった具合に、100から3ずつ引いていく逆算を頭の中でするというディレイテクニックもあります。

とにかく頭の中をちょっと手のかかる計算で埋めるのです。100から6ずつ引いても、8ずつ引いてもかまいません。とにかく頭を怒り以外のものに集中させるため、ちょっと小難しい計算をするのです。

また、英語でカウントバックする方法もあります。

「ワンハンドレッド、ナインティナイン、ナインティエイト……」というように数字を英語に訳し、逆に数字を言っていくのです。日本語でカウントバックするよりも難しいので、意識が怒りのほうにいきづらくなります。

コーピングマントラ……魔法の呪文を唱える

衝動のコントロール方法をもう一つご紹介しましょう。

それは「コーピングマントラ」です。「コーピング」は「対処」のことで、「マントラ」は「呪文」のことです。「魔法の呪文」と言い換えることもできます。

カチンときて怒りが爆発しそうになったり、ものすごくイライラしてマイナスの言動をしてしまいそうなときに、自分の中で言葉（呪文）を唱えることで、自分を落ち着かせる方法です。

具体的にご説明していきましょう。

システムエンジニアの桜井さんは顧客へのシステム納品を前に、ここのところ1カ月は不眠不休に近い状態で働きずくめでした。

仕事の忙しさ、納期に間に合わせなければいけないというプレッシャー、なんでこんなに働かなきゃいけないんだという不満とで、毎日イライラし、ストレスで怒りっぽくなっているところでした。

こんなときは自分を落ち着かせたり、勇気づけたりするのに有効な言葉を用意して、自分自身に言いきかせます。

桜井さんは、部下が忙しさのあまりミスしたときには心の中でこうつぶやきます。

「大丈夫、なんとかなるさ。部下をムダに叱ったところで何も変わらない」

帰りの電車の中で、くじけそうになるたび、

「納期の1週間後が過ぎれば、すべてが終わるんだ。あと1週間だ」

上司にミスを怒鳴られると、

「上司も忙しいせいでイラついているんだ。悪気があってのことじゃない」

と、こういうセリフを何度も心の中で繰り返したのです。

一般的なコーピングマントラの例をあげましょう。

「大丈夫。なんとかなるさ」

「この前はもっとつらかったけど、乗り越えてきた」

「1カ月後には忘れてる」

「こんなことぐらいで負けないぞ」

「これはよい勉強の機会だ。いっぱい経験をつんで強くなるぞ」

「降りやまない雨はない」

「自分も、自分の感情もコントロールできる」


このほか、例えば対人関係で怒りが爆発しそうなときは、こんなコーピングマントラも考えられます。


「相手も悪気があるわけじゃないんだ」

「悪く受けとるのはやめよう。聞いてみなければ相手の本心はわからない」

「自分がノーと言えるように、相手だってノーって言える」

「悪口言っても始まらない。もっと前向きな言葉を考えよう」

「長い目で見て、自分にとって最も建設的な解決法はなんだろうか」
「怒ってもなんの得にもならない」

呪文はここにあるものを使ってもかまいませんし、自分オリジナルのものをつくってもよいでしょう。

また、コーピングマントラは、必ずしも言葉である必要はありません。
怒りに負けそうになったり、困難な状況に直面したときに、例えば右手をグーパーさせる、人差し指でこめかみを軽くノックするといったジェスチャーでもかまわないのです。

何かのジェスチャーをすることで、**要するに自分に向けて、目の前の怒りや困難な状況に備えなさい、という合図を送るのです。**

グラウンディング……思考をクギづけにする

「衝動のコントロール」とは少し違いますが、イライラしてしかたがない状態のときに有効な方法をご紹介しましょう。

「課長のヤツ、ほんとにムカつくぜ。今さらそんなこと言ったって遅いよ。もう客先には書類を出しちゃったんだからさ！」

保険のセールスをしている佐藤さんは、大切な新商品の説明会に出席しているのですが、昨日課長から怒られた書類の誤りのことを何度も思い返していました。

新商品の説明会は、集中して聞かなければいけない情報がたくさんあるのですが、どうしても課長のことを思い出してイライラしてしまい、集中できません。

「くっそー、集中して聞かなきゃいけないのに、全然集中できやしない。どうすりゃいいんだ。課長のせいだ！」

佐藤さんは、昨日言われた課長の言葉を頭の中で何度も繰り返しています。そして、課長に対してどうやってこの怒りをぶつけてやろうかと、怒りをはらすことばかりに意識がいってしまっているのです。

意識は「過去」に課長に言われたことや、課長をぎゃふんと言わせてやろうという「未来」のことばかりにいってしまっています。

どうしてもイライラして目の前のことに集中できないことは私たちもよく経験します。目の前のことに集中しよう集中しようと思っても、過去のことが気になったり、これから先のことを考えてしまったり……。

こういうとき、あなたの意識は「今」、「この場所」にはありません。

だから目の前のことに集中することができません。

そこで、こういう場合には、「グラウンディング」というテクニックを試してみましょう。グラウンディングは、意識を「今」、「この場所」に集中させるためのテクニックです。

では、佐藤さんになったつもりで、グラウンディングをやってみましょう。

佐藤さんは、説明会に参加していて、過去のことや、未来のことを考えて説明会の話に集中することができていません。佐藤さんの目の前には説明会のパンフレットやペンなどがあります。

では、目の前にあるペンを手に持ってみましょう。

そしてそのペンを観察し始めます。真剣にじっくりと観察してください。

次のように、心の中で、自分で自分に質問しながら答えていくのです。

「そのペンは何色ですか?」

「黒ですか、青ですか、それとも赤でしょうか?」

「形はどのような形でしょうか?」

「丸いですか、四角いですか、他の形ですか?」

「材質は何でできているでしょうか?」

「プラスチックですか、それとも金属でしょうか?」

「どこのメーカーのものでしょうか？」

「メーカー名が書いていないでしょうか？」

「何かラベルに書いてありますか？」

「書いてあるとすれば、何と書いてありますか？」

「模様が入っていますか？」

「入っているとすれば、それはどういう模様ですか？」……etc.

このように、目の前にあるペンを真剣に観察していると、しだいに課長に言われたことや、課長に仕返しをしようという意識は薄れていきませんか。

今、手に持っているペンを真剣に観察している間、少なくともあなたの意識は、あなたをイライラさせた「過去」や、怒りをはらしてやろうと思う「未来」にはいかないものです。

ペンを丁寧に観察している間、あなたの意識は「今」、「この場所」にクギづけになっているはずです。

「グラウンディング」は、「『今』、『この場所』にクギづけにする」という意味です。

目の前にある何かに集中して観察することで、過去に起きたことでイライラしたり、怒りをはらす未来に思いをめぐらしている状態から、今、この場所に意識を戻します。

グラウンディングを行う際には、目の前にある物であればなんでもかまいません。

今回はたまたまペンを使いましたが、携帯電話でも、パソコンでも、ノートでも時計でも目の前にある物ならなんでもいいのです。

イライラしたら、目の前の物を手にとって、集中してその物を観察してください。

最初のうちは、グラウンディングをしても意識を今、この場所にうまく集中することができないかもしれません。

また、観察している間はうまく集中できたとしても、すぐにまたイライラの原因を思い出したり、怒りをどうやってはらそうかということに思いがいくかもしれませんが、心配いりません。

練習を繰り返すことで、意識をクギづけにできるまでの時間も短くなりますし、一度意識を今、この場所に戻せたら、その状態を維持できるようになります。

怒りの感情がどうしても抑えられないときは

退却戦略としてのタイムアウト

衝動のコントロールのテクニックを身につけても、どうしてもカチンときて、怒りが抑えられないケースもあります。

そういうときにおすすめしたい手法が「タイムアウト」です。

フランチャイズレストランのマネージャーである板垣さんは、本部の担当者と店舗運営のコストについて議論をしていました。

本部側からのコストカット圧力は強くなる一方で、現場側のシェフ、フロアスタッフからは本部に対する不満が強くなり、両者の間で板挟みになっていました。

板垣さんは、なんとか本部スタッフ、現場スタッフ双方にとってよい落としどころを見つけようとフル回転で考えているのですが、本部スタッフの一方的なもの言いに、イライラが頂点に達しようとしていました。

板垣さんとしては、「ストップシンキング」や「コーピングマントラ」を必死にやっているのですが、どうしても怒りの感情を抑えることができそうにありません。「ストップシンキングもやった、コーピングマントラも唱えてみた。でも、それでもどうしても怒りを抑えることができない……」という状況です。

そんなときは、そのままその場所にいても、状況を悪くさせるばかりで、自分にとっても、相手にとってもプラスになるようなことは何もないでしょう。

そうした状況であれば、その場からしばらく離れることを選択します。

これをアンガーマネジメントでは、「タイムアウト」といいます。

その場所からしばらく離れて、頭を冷やすのです。

タイムアウトは、対処法の中で「退却戦略」として位置づけられています。

よくケンカをすると、黙って出ていってしまったり、ひどい場合には捨てゼリフをはいて出ていってしまう人がいます。

ですが、これはタイムアウトとは違います。とても自分勝手な怒りの発散でしかありません。

タイムアウトにはルールがあります。

タイムアウトをとるときは、まず相手にタイムアウトをとることを伝えます。そして一定の時間を置いたら戻ってくることを約束し、戻ってきたあとに議論の続きをするという約束をします。

例えば、板垣さんであれば、このような感じで本部スタッフにタイムアウトを伝えます。

「申し訳ないですけど、これ以上は冷静に議論できそうにありません。タイムアウトをとらせてもらえないでしょうか。タイムアウトの時間は15分でお願いします。15分後にまた議論を再開させてもらえればありがたいです」

そして、タイムアウトをとっている間は、リラックスできるような気分転換をしてください。散歩に出たり、お茶を飲んだり、ストレッチをしたり……。

なんでもかまいません。自分がリラックスできることをするのです。

逆にタイムアウト中にしてはいけないこともあります。

先ほどの議論を思い出すことです。

議論を思い出すことで、怒りの感情をも思い出すことになってしまっては、タイムアウトをとった意味がありません。

「怒って出ていく」にもコツがある

「タイムアウト」は、ふだんからその仕組みをまわりの人と共有しておき、お互いにタイムアウトをとりやすくしておくことも大切です。

こういう場合、タイムアウトをとることを、その場から逃げる卑怯な方法と考える人がいるかもしれませんが、それは違います。

黙ってその場から立ち去ったり、捨てゼリフをはいてその場から立ち去ることは、怒りに負けた結果、ほかに選択肢がなく、しかたなく立ち去ったにすぎません。

けれどタイムアウトは、自ら選択してその場を退却するという点が大きく違います。**強い怒りの感情をもったまま何かの議論をしたとしても、建設的な話し合いはできません。タイムアウトをとって、冷静になる時間をつくることで、よりよい議論ができるようになるのです。**

怒ったまま議論を続けるよりも、こちらのほうがより賢い選択といえるでしょう。

いかがでしたでしょうか。

これらの方法が、じっくりアンガーマネジメントに取り組んでいる間に、怒りにふりまわされそうになったときに使える衝動コントロールの数々です。

次章以降から、アンガーマネジメントの深い部分に入っていきますが、それをしている最中に、もし怒りにふりまわされそうになったら、これらのテクニックを思い出してください。

きっとあなたの助けになるはずです。

第5章

記録することで「怒り」を「見える化」する

認識の修正は、怒りの客観視から始まる

イライラ、ムカムカを具体化する

では、さっそく本章では、「認識の修正」つまり「怒りを生み出してしまう仕組み」を修正するための具体的な方法について述べていきましょう。

ここでは、まず、自分がどのように物事を認識して、どのように怒りを感じて、そしてどのように行動しているのかを自分自身でよく知ることが基本です。

「認識の修正」は自分自身の怒りを客観視して、よく知ることから始まります。

どうしてイライラしてしまうのか、どのような状況で怒りを抱くのか、どのくらい強い怒りなのかなど、単なる「イライラする」「怒る」ではなく、もう少し具体的に「イライラ、怒りの正体」を知るのです。

「スケールテクニック」で怒りを測る

では、まずは初歩的な方法をここで一つご紹介します。

それは、「怒りの強さを自分なりに数値で計測すること」です。

これはアンガーマネジメントでは、「スケールテクニック」と呼ばれます。

スケールテクニックは、怒りの強さを自分なりに測ってみる方法です。

多くの人が怒りについて誤解をしています。怒りは「怒っている」か「怒っていない」の2種類しかない、と。

けれども、それは違います。**怒りには段階があるのです。**

「軽くイライラしている程度の怒り」から、「誰かに文句を言ってしまうような怒り」、「腹いせに人を攻撃したり、物を投げたりするような強い怒り」などいろいろな種類の怒りがあり、いろいろな強さの怒りがあるのです。

怒りには強さの段階があるということが理解できると、自分自身で、「このくらいの強さの怒りであれば全然問題ない」「これくらいの強さの怒りだから少し気をつけて対処をしていこう」など、今、自分の感じている怒りについて、どのように対処すればいいのか判断できるようになります。

仕事でも、その難易度に応じて「楽に自分で処理できる」「労力はかかるが自分でできないことはない」「誰かに手伝ってもらったほうがいい」「上司にまかせよう」などの判断ができるようになると、ムダに不安にならず、スムーズにいくようになりませんか。それと同じです。

怒りの段階を自分で測れるようになると、目の前の怒りに対処しやすくなるのです。

スケールテクニックでは、あらかじめ怒りの段階と対処方法を決めておきます。

例えば、左ページの図表のように、怒りを10レベルに段階分けして、対処法を考えておくのです。

そして、怒りを感じたときに、この図表を思い出し、

「あ、今、レベル3の怒りだな。軽いイライラとはいえ、もう少しで強い怒りになりかねないからな」

怒りのレベルづけ

レベル 0	怒りの感情なし。とくに対処法はなし
レベル 1～3	軽いイライラ、不愉快、不快感。そのなかでも弱がレベル1で、中程度がレベル2、強がレベル3。ストップシンキング、グラウンディング、コーピングマントラなどの衝動コントロールを少し行えば、わりとラクにコントロールできるレベル
レベル 4～6	頭に血がのぼる、ムカつくなどの、まぁまぁ強い怒り。そのなかでも弱がレベル4で、中程度がレベル5、強がレベル6。衝動のコントロールのテクニックを複数組み合わせればコントロールできる
レベル 7～9	とても強い怒り。憤り、激怒といっていい。コントロールできる限界。そのなかでもましな弱がレベル7で、中程度がレベル8、強がレベル9。すべての衝動コントロールテクニックを駆使して、それでも効果がなければタイムアウトを使う。また、この段階まで怒りがこないように認識の修正、長期的な行動パターンの修正をトレーニングする。
レベル 10	人生最大の怒り

「この件に関しては、レベル8の怒りだな。すごく強いムカつきを感じる。これは早急に手を打たないと」

と、自分で自分の怒りを判定するのです。

この訓練をしていくことで、あなたはだんだんと「怒り」を客観的に見ることができるようになります。すると、あなたが感じるムカムカやイライラ、衝動は、今よりももう少し「対処できるもの」になっていくのです。

では、実際にスケールテクニックをやってみましょう。

今の自分の怒りは、10段階のどのレベルか

「スケールテクニック」はこのように行います。

あなたは今、出社するために電車に乗っています。すると、「社内忘れ物調査のため、少々停車します」というアナウンスが流れてきました。

アナウンスを聞いて、あなたは、「なんだよ、こんな朝っぱらから。忘れ物調査って！」と軽くイラッとしました。

ここからがスケールテクニックです。

この軽くイラッとした気持ちをコントロールするために、まずスケールテクニックを使って、この怒りを10段階評価してみました。

今のイラッとした感情を先ほどの10段階に当てはめてみると、レベル2くらいのものと思えました。十分にコントロールできる怒りの強さです。

そこで、次にコーピングマントラ（98ページ参照）を唱えることにしました。「大丈夫。少しくらい遅れても問題ない」「こんなことくらいなんでもない」と、呪文のように何度かそう自分に言い聞かせるうちに、イラッとした気持ちはどこかへいってしまいました。

そして、「あぁ、そうだ、せっかくだからもう少し新聞を読むことにするか」と頭を切り替えて、新聞を読み始めるのでした。

いかがでしたでしょうか。

自分の今の怒りがどの程度の強さのものかや、その対処法を知っていれば、怒りを感じても焦らず冷静にコントロールできるようになります。

スケールテクニックは、自分の怒りの強さを自分で測り、それに対する対処法を考えておくことで、怒りをコントロールしやすくするテクニックです。

ふだんから怒りを感じるごとにスケールテクニックを使って、怒りを測ってみてください。

何度も行ううちに、意識せずとも怒りの強さを知ることができ、その怒りに対して自然に対処法を行うようになれるでしょう。

見えると「怒り」は扱いやすくなる

怒りの自己観察ツール「アンガーログ」

さて、怒りに段階をつけるスケールテクニックで、怒りを客観視することを知っていただいたと思います。

では次に、もっと具体的に怒りを客観視する方法に入っていきましょう。

それは、「アンガーログ」と呼ばれる自己観察ツールを使って、自分が物事をどのように認識しているのか、どのように怒りを感じているのか、どのように行動したのかを記録していくという手法です。

怒りを、記録することで「見える化」するのです。

アンガーログは、「怒り」を紙に書いて記録します。

紙に書いて記録することは大きなメリットがあります。

紙に書くためには、ある程度情報を整理しないと書けません。頭の中でなんとなくわかったつもりになっていたことでも、いざ紙に書こうとすると書けないことは結構あります。

漢字で「薔薇《ばら》」という字を読める人は多くいても、実際に書ける人は少ないのとよく似ているのかもしれません。

また、紙に記録を残しておくことで、自分の認識の変化、考え方の変化、感情の変化、行動の変化などがあとから振り返って分析しやすくなります。

「紙に書く」ことで自分の感情を客観視する

「アンガーログ」は125ページのような形式で、各項目を記録していきます。

日時…………怒りを感じた日時を書きます

出来事……怒りを感じた状況について簡潔に書きます
思ったこと……その状況をどう思ったのかを書きます
感情……その時どのような感情をもったのかを書きます
感情の強さ……スケールテクニックを使って感情の強さを測ります
行動……どのような行動をとったのかを書きます
結果……行動をした結果、どのような結果になったのかを書きます

アンガーログは怒りを感じたら、そのたびに記録をしてください。

一日に何度も怒りを感じるのであれば、一日に何度も記録をしてください。

記録をつけることで、自分の怒りを形あるものとして認識できるようになります。形あるものとして認識できるようになれば、問題解決もしやすくなります。

すべての項目を書かなければいけないということではありません。書けるものだけをサラッと書き留めるだけでもＯＫです。

参考までに、他の人のアンガーログを一緒に見てみましょう。

一人目は、メーカーで営業事務をしている女性の石井さんです。石井さんはお酒の席が好きではありません。でも社内には酒好きの先輩がいてしつこく酒の席に誘ってきます。そんな石井さんのある日のアンガーログです。

日時……7月25日　午後3時
出来事……先輩から飲みの誘いを受けた。
思ったこと……またなの……。何度も酒の席が好きじゃないって言っているのに、なんでこの人はわからないんだろう。
感情……イラ立ち。徒労感。
感情の強さ……5／10段階
行動……一度は断ったものの、結局断りきれずに同席した。
結果……相変わらず酒の席はつまらなかった。来たことを後悔し、断れなかっ

アンガーログの見本

日時:　　　　　年　　　月　　　日(　　　)

出来事:

思ったこと:

感情:

感情の強さ:
/10段階

行動:

結果:

たことを後悔し、とにかく面白くなかった。

二人目は、経営コンサルタントとして働いている男性の高橋さんです。高橋さんのある日のアンガーログです。

日時……月曜日の午前の会議中
出来事……社内会議でプレゼン中に同僚から今後の計画について見込みが甘いと内容をこき下ろされた。
思ったこと……何言ってんだこいつ。俺に恥をかかせる気か。
感情……怒り。悔しさ。
感情の強さ……6／10段階
行動……指摘してきた相手の見込みこそ甘いし、自分の見込みはデータに裏付けられているから問題ないと反論した。
結果……口論になり、上司が仲裁したものの、会議は気まずい雰囲気に。

このようにして、怒りを感じたときに、紙に記録していくのです。

紙に記録すると、「怒り」が具体的になり、自分がよりはっきりと見えてくるのではないでしょうか。

これが怒りの「見える化」、アンガーログです。

アンガーログはこう書こう

さて、それでは「アンガーログ」をつけてみましょう。

紙とペンを用意してください。必ず紙に書き出すことが大切です。

では、まずは最近感じた軽い怒りを思い出してみてください。

慣れないうちは、怒りは軽い程度のものがいいでしょう。

【日時】

まずは日時です。それはいつの出来事だったでしょうか。日付、時間がわかれば、詳しく書いてください。「今日の昼」「昨日の夜」といった感じでも問題ありません。

【出来事】

次に出来事を書いてみましょう。それはどのような出来事だったでしょうか。ここでは自分が思ったことや感じたことなどは一切入れずに、なるべく事実だけを客観的に書くよう気をつけてください。

【思ったこと】

そして、その出来事があった際にどのように思ったのかをなるべく詳しく書いてください。そう思った理由についても書くとよいでしょう。

【感情】

どのような感情を抱いていたのか書いてみましょう。怒りにもいろいろな種類があります。軽いイライラ、怒り、憤り、ムカつく、激怒など。複数の感情をもったのであれば、複数の感情を書いてみましょう。

【感情の強さ】

スケールテクニック（115ページ参照）を使って、自分の感情の強さを計測してみましょう。強い、弱い、普通といった尺度ではなくて、10段階のうちのいくつといった感じで、はっきりとした数字にしてみましょう。

【行動】

その時にどのような行動をとったのかを書いてください。具体的に書いてみましょう。その時に何かを言ったのであれば、実際に言った言葉を書いてください。もし何かに当たったのであれば何に当たったのかを書いてください。

【結果】

自分が行動をした結果、どのような結末になったでしょうか。誰かに何かを言われたでしょうか。相手がいたら、相手はどのような態度になったでしょうか。これもできるだけ詳しく書いてみましょう。

主観・分析は、書き込み禁止

アンガーログをつける際のポイントがいくつかあります。

まず、アンガーログは、できればムカッときたり、イライラして仕事が滞ったり、誰かを怒ってしまったときに、なるべく一つひとつ記録してください。

できることなら、**怒りを感じたときにすぐ書くことがコツ**です。

手帳なりメモ帳なりを持ち歩いていて、怒ったときにすぐアンガーログをつけるようにするのです。

アンガーログをつける用紙はなんでもかまいません。スマホを持っているなら、自分宛にメールを送ってログとしてもよいのです。

それとログをつける際にとても大切なこと。

それは、記録している最中に、**「なぜ自分はそのように考え、怒ってしまったのか」「なぜ自分はそのような行動をしてしまったのか」ということをあまり深く強く考えないようにすることです。**

できるだけ主観や分析を入れないようにアンガーログをつけるのです。**自分の怒りを、自分の怒りではないかのように冷静に振り返って忠実に記録することを心がけてください。**

これは「記録」という意味でとても大切なことです。主観が入りすぎると、あとで分析するときに狂いが出てしまいます。また、第3章で説明したように「思い出し怒り」にもつながってしまいます。

そして、もう一つ大切な役割があります。

それは、**怒っているときに、「記録しなければ」という怒り以外のことに目を向け、**

怒りを抑えるという意味合いもあるのです。

たとえ怒ることがあっても、アンガーログを冷静に客観的に記入していくうちに、ふっと、「あ、こんなことで自分は怒っていたのか」とわかると同時に、怒りが小さくなっていることに気づくでしょう。

繰り返すほどに、効果はアップする

アンガーログは、最初のうちは、**怒りを感じるたびに記入してみてください。**

また、このあとの第6章で、深く「認識の修正」をする際に、記入したアンガーログを使うので、その記録は多いほうが有効でしょう。

とはいえ、アンガーログをつけること自体が負担になって、イライラしがちになっては元も子もありませんから、できる範囲でＯＫです。

アンガーログを何度も何度も記録していくうちに、自分の頭の中でもアンガーログができるようになります。

「あ、今、私は、この書類のこの部分にイラ立っていて、その大きさはレベル4くらいだな。ムカムカムカーッ!!　というよりは、イライラッて感じだな。

そして、その怒りによって同僚にキツイ言い方をしてしまったな。結果、彼もすごくイヤな顔をして、嫌味を言って出ていってしまった。次からは、たとえイラッときても、その場では、『ありがとう』と言うようにしよう。そしてそのあとに、提案という形で意見を言ってみたらどうだろう」

これができれば、かなり怒りをマネジメントできるようになります。

ストレスログをつける

人はストレスが多いほど怒りやすい

「認識の修正」をする際、大切なことがあります。

それは、自分の置かれている環境をなるべく「怒りにくい状態」にしておくことです。

アンガーマネジメントの重要ポイントは、**自分の思考回路の中に「いかに怒りにくい仕組みをつくるか」、ということです。**けれども、いくら自分の思考回路が「怒りにくい仕組み」になったとしても、ストレスの多い環境に身を置いていたらどうでしょうか。

やはり、どうしてもイライラ、ムカムカしてしまうことでしょう。

人はストレスが高くなると怒りやすくなります。

大好きなことをしてリラックスしているときと毎日が忙しくて寝る暇もないときとでは、どちらが怒りやすいかといえば、明らかに後者です。

「ストレス」と「怒り」の感情は深く関係しています。

とはいえ、ストレスがなくなればいいのですが、残念ながら私たちの日常からストレスがなくなるということはありません。

そのため、ストレスに対する考え方も怒りに対する考え方と一緒で、ストレスをなくすことを考えるのではなく、ストレスと上手に付き合える自分になっていくことを考えます。

ただ、ストレスは私たちを毎日のように悩ませるものですが、多くの人が、自分にとって何がストレスかをあまりよく知りません。

何がストレスになるのかは人によってさまざまです。

人間関係がストレスになる人もいれば、仕事が忙しいことがストレスになる人もいます。一方で仕事が暇なことがストレスになる人もいれば、一人ぼっちでいることがストレスになる人もいます。

アンガーマネジメントをするうえでも、自分にとってのストレスを知ることは大事なことです。

そのためにやってほしいことが「ストレスログ」をつけることです。

ストレスは4つに分類できる

極端な例ですが、私のところに相談に来た人に「地球の未来が心配で夜も眠れない」という女性がいました。彼女は地球の未来のことを考えるとそれがストレスでしかたがないと言うのです。

彼女のストレスとは、地球上で起こる戦争だったり、人種差別だったり、石油の枯渇、食糧問題だったり、かなり漠然としていて曖昧《あいまい》なもの。でも、彼女はいたって真剣です。

けれども、彼女がいくら地球の未来を心配したところで、地球は彼女の思うように動きはしません。彼女が望んだからといって、とたんに人種差別がなくなったり、石油が湧いて出たりはしないのですよね。

心配しようが心配しまいが、「自分で変えられないこと」です。

ストレスを感じても何もできない、変えられないのなら、受け入れていったほうが賢い選択といえるのではないでしょうか。

彼女のようなわかりやすい極端な例ではないとしても、意外に私たちは変えられないものをいつまでもストレスに思いがちです。

「もっと目が大きくて、キリッとしてたら」「背が高かったら」などといった外見のことだったり。

「姑の大雑把な物言いがイヤだな」「夫ののんびりしているところが腹立つ」など他人の性格や言動のことだったり。

「あと5歳若かったら」「大学に行けていたら」といったような過去のことだったり。

「夏に暑いのがストレス」「冬に寒いのがストレス」といった自然条件だったり。

ストレスにも変えやすいものと変えにくいものがあるのが現実です。

「毎朝、会社に行くのがストレス」と思っても変えづらいですが、「毎朝、満員電車に乗って会社に行くのがストレス」であれば、早めに出る、違う路線で通うなど、ストレスをなるべく感じない方法を選べます。

このように、除けるストレスは除いて、それ以外は受け入れていくほうが建設的といえます。

そのための方法として、次のようにストレスを4つに分類する「ストレスログ」をつけることをおすすめしています。

1. 「重要」かつ「自分で変えられる」
2. 「重要」かつ「自分で変えられない」
3. 「重要でない」かつ「自分で変えられる」
4. 「重要でない」かつ「自分で変えられない」

ストレスログの考え方

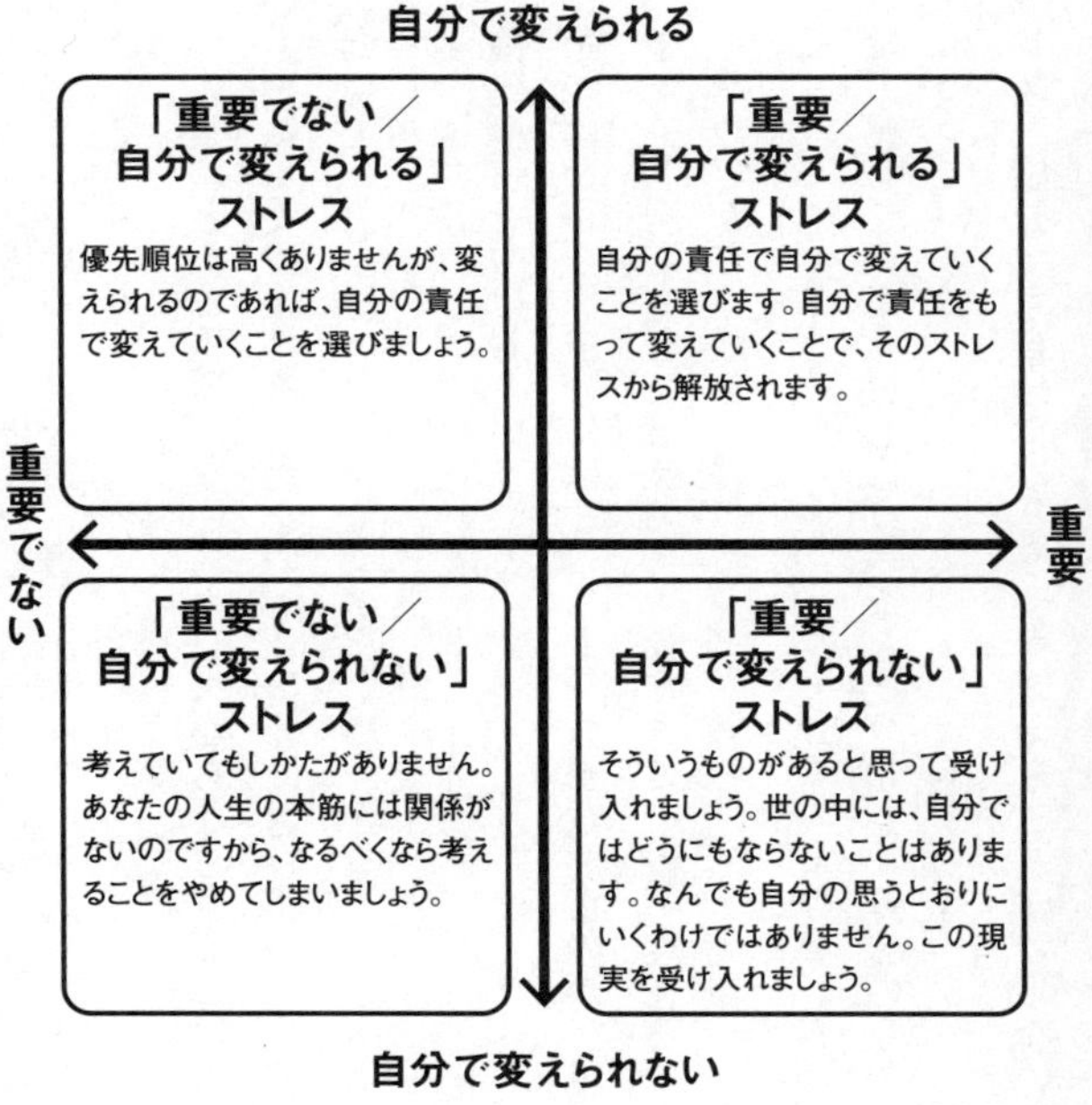
自分で変えられる
「重要でない／
自分で変えられる」
ストレス
優先順位は高くありませんが、変えられるのであれば、自分の責任で変えていくことを選びましょう。
「重要／
自分で変えられる」
ストレス
自分の責任で自分で変えていくことを選びます。自分で責任をもって変えていくことで、そのストレスから解放されます。
重要でない
重要
「重要でない／
自分で変えられない」
ストレス
考えていてもしかたがありません。あなたの人生の本筋には関係がないのですから、なるべくなら考えることをやめてしまいましょう。
「重要／
自分で変えられない」
ストレス
そういうものがあると思って受け入れましょう。世の中には、自分ではどうにもならないことはあります。なんでも自分の思うとおりにいくわけではありません。この現実を受け入れましょう。
自分で変えられない

自分がストレスに思っていることを紙に書き出し、次に、ストレスをこの4つの基準で分類するのです。

そして、自分の人生にとって重要でないストレスならなるべく受け入れたり、自分で変えられないものは「受け入れるしかない」と自分に言い聞かせるのです。

一方で、「自分で変えられる」ものや重要なものは、「どうしたらストレスを除けるか」を考えればいいのです。

ストレスにも優先順位をつけるということです。

ストレスログをつけながら、自分にはこのストレスが重要なのか、重要でないのか、そしてそのストレスを自分の責任で変えることができるのか、変えることができないのか、ふり分けをやってみてください。

すると、「このストレスは感じていても解消しようがないから、なるべくしょうがないと受け入れて、感じないようにしよう」などと分類し、意味のないストレスから解放されるようになっていきます。

そして、ストレスと感じても自分ではどうにも変えることができないようなものであるならば、現実にはそういうことがあるということを受け入れて、他のことを考えることに時間を使いましょう。

あなたには、変えられることはほかにもたくさんあります。

書くだけで、ストレスは激減する

ストレスログを具体例でみていきましょう。

例えば、車の営業をしている高橋さん（29歳）のケースです。高橋さんは、最近、ストレスが多くて、イライラして怒りやすくなったな、と思っています。彼は、ストレスの原因として次のようなものをあげています。

1. 営業ノルマがきつく、ノルマが全然達成できない
2. 若者の車離れが深刻で一般的に新車が売れない
3. 朝起きるのが苦手

4. 自分の容姿にコンプレックスがある

これを先ほどの4つに自分でふり分けます。そして、ふり分ける際に、どうしてそのようにふり分けたのか、具体的な理由を書きます。

◎営業ノルマがきつく、ノルマが全然達成できない（重要／自分で変えられる）

〈理由〉確かに営業ノルマはきつく、今は全然達成できないが、同じ営業所の人間で同じノルマを達成している人はいる。営業成績を上げることは重要なんだから、自分の責任で上げていくしかない。

自分にも達成できないことはない。例えば、うまくいっている人にコツを聞く、上司に相談して打開策のアイデアをもらうなど、まだできることはあるはずだ。

◎若者の車離れが深刻で一般的に新車が売れない（重要／自分で変えられない）

〈理由〉世間的に新車が売れなくなっていることは事実。これは自分がどうこうして変えられる問題じゃない。そう考えれば、全国の車の営業担当者が同じ問題を抱えている。現実の条件はそういうものとして受け入れてやっていくしかない。

いくら愚痴を言ったところで、若者が車を買うようになるわけでもないから、愚痴を言うぐらいなら、他のことを考えるようにしよう。

◎朝起きるのが苦手（重要でない／自分で変えられる）

〈理由〉社会人として朝が弱いのは重要でないことはないけど、遅刻しているわけじゃない。ただ、もう学生じゃないんだから、飲み過ぎたり、深夜までゲームするのを少しセーブしよう。最初のうち少し我慢すれば、朝型人間にだってなれると思う。

◎自分の容姿にコンプレックスがある（重要でない／自分で変えられない）

〈理由〉正直言うと、もう少し背を伸ばしたい。でも今さら伸びるわけがないのは知ってる。それに背が伸びても何が変わるわけでもないと思う。別に今だって彼女もいるし、彼女も自分の背のことを言ったことなんてない。

変えられることに意識を集中する

ストレスログを書くときは、「自分は何を最優先したいのか」をよくよく考えて、それを基準にして重要か重要でないかをふり分けてみてください。

車の営業の高橋さんの例でいえば、高橋さんにとって今の最優先事項は「営業成績を上げること」です。

ですから、早起きや容姿も自分にとってはそれなりに重要なのですが、営業成績を上げるという目的からすると、やや重要度が下がるので、重要ではないということにしたのです。

さて、あなたも実際にストレスログをつけてみましょう。

あなたにとって、ストレスを感じるのは何ですか。

それをまずは考えてみましょう。

ストレスログをつけることで、自分が変えられること、変えられないことの区別がつくようになります。

変えられないことは受け入れるように心がけましょう。

それだけで、ストレスにふりまわされることはグンと減るはずです。

本章では、自分の頭の中に「怒りにくい仕組み」をつくるために、まずは、自分がどのようなことで怒っているのかを記録し、「見える化」することを学びました。

今までにあげたような「記録する」「客観視する」テクニックで、ずいぶんと自分の「怒り」を知ることができたと思います。

アンガーログを見ていると、意外なことで自分が怒っていることに驚いたり、ちょっと時間をおけばたいしたことのないことで怒っていることに気づきませんか。

これは、「怒りをマネジメントする」という意味でとても大切なことです。

怒りを記録化、客観視するだけで、ずいぶんとアンガーマネジメントができる人が多くなるほどです。

さらに、いくら自分の中に「怒りにくい仕組み」をつくっていっても、ストレスフルな環境だとイライラしがちになるため、ストレスと向き合うことも学びました。

この二点が、アンガーマネジメントの「認識の修正」の基本のステップでとても大切なことなのです。

これをふまえた上で、ではさらに応用編の第6章へいきましょう。

第6章

自分の中に「怒りにくい仕組み」をつくる

怒りの背景にある自分と向き合う

「怒りにくい仕組み」をつくろう

本章では、第5章のアンガーログをふまえて、怒りの背景に向き合います。

怒りを生み出してしまう「コアビリーフ」の歪みはどうして起きるのか。

その歪みによって生まれた怒りが、どういったきっかけで噴出してしまうのか。

それらを自分の内面や過去と照らし合わせて、探っていくのがこの章です。

そして、もっと深く自分の「怒り」に向き合って、自分の頭の中に「怒りにくい仕組み」をつくっていきましょう。

あなたの頭の中の「怒りやすい仕組み」は長い時間かかってつくられてきたものです。それを変えていくのですから、少しの時間とトレーニングが必要です。

ですが、必ず変えることができます。あせらず、じっくり取り組んでいきましょう。

「コアビリーフ」と「トリガー思考」の関係

頭の中に「怒りにくい仕組み」をつくるときのキーとなるのが、「コアビリーフ」と、最終的に怒りを大きくするきっかけとなる「トリガー思考」の二つです。**このコアビリーフとトリガー思考の二つがセットになって怒りが生まれ、大きくなります。**そして、この二つが変わらないかぎり、いつまでも同じように考え続けます。ですので、この二つと向き合い、変えていく必要があります。

まず、第2章でもご説明したように、コアビリーフは自分にとっての辞書のようなものです。私たちは出来事を認識するときに、自分のコアビリーフに照らし合わせて、それがどういうことなのかを意味づけします。

意味づけした結果、それが受け入れられないものであったり、間違っていると思ったりすれば、怒りが生まれます。

どんなコアビリーフをもとうと、それは個人の自由ですが、それが自分にとっても、まわりの人にとってもマイナスなものとなるようなものであれば、修正していったほうがいいでしょう。

さて、一方の「トリガー思考」とは何でしょうか。

それは、最終的に自分の怒りを大きくするきっかけとなる考えのことです。

「トリガー思考」はコアビリーフと深く関係しています。

コアビリーフが怒りのもととなる考え方ならば、トリガー思考はその怒りのもとが表に出るときの「きっかけ」「引き金」です。

アンガーマネジメントを身につけるには、自分がどのようなコアビリーフをもっているのか、どのようなトリガー思考があるのかを深く理解しなければいけません。

「コアビリーフ」の歪みがどうして起こるのかを、自分の内面、過去を振り返って探ること。

怒りが噴出するきっかけの傾向（「トリガー思考」）を探ること。

本章では、自分と向き合いながらこの二つを探っていきましょう。

この二つを探ることは、第5章で行った「アンガーログ」よりも自分の内面や過去に向き合うことですから、少しつらい思いをすることがあります。

コアビリーフの歪みがどこにあるのかを見つけ、直そうとすることは、自分の考えや価値観、信念を曲げることに近いので正直ストレスを感じることもあるでしょう。

とはいえ少しずつ、無理をしない程度に、コアビリーフに向き合い、トリガー思考を探り、少しでも自分を「怒りにくい仕組み」にしていきましょう。

3コラムテクニックでコアビリーフの歪みを正す

自分の認識のエラーに気づく

さて、では具体的に「コアビリーフ」にどうやって向き合えばいいでしょうか。「3コラムテクニック」という方法です。

私たちは何かを認識するとき、自分のコアビリーフに従って認識します。コアビリーフは自分が一番正しいと信じていることや、「〜すべき」と思っている事柄で、それが客観的に正しいかどうかということは関係ありません。

「信頼関係を築きづらくなるから担当者はずっと同じ人であるべき」と思う人もいれば、「担当者がずっと同じだと癒着のもとになるから、定期的に代えるべき」と思う人もいます。

あるいは、「女性は、ストレートに発言すべきでない」と思う人もいれば、「女性ははっきり発言すべき」という人もいます。

「子どもにはダメなことはダメと強く言うべき」と思う人も入れば、「子どもも一人の人間だから、丁寧に理論的に諭すべき」と思う人もいます。

世の中の多くは、どちらが明らかに間違っているとも正しいとも言えないものです。なのに、なぜか人は、「こうあるべき」「こうしなきゃ」と思い込みがちです。

ふだん、私たちはこうした自分のコアビリーフの歪みや認識のエラーにはなかなか気づきません。

とくに怒りで冷静さを失っているときはよけいにそう思うことはできません。

だからコアビリーフの歪みや、認識のエラーを自分でチェックをしないままだと、いつまでも同じ問題を繰り返すことになってしまいます。

そこで、**コアビリーフの歪みやエラーをチェックする方法が「3コラムテクニック」なのです。**

3コラムテクニックのやり方

では、3コラムテクニックをご説明していきましょう。

3コラムテクニックでは、何か怒りを感じる出来事が起きたときを思い出し、次の3つについて段階をおって考えます。

そして左ページ図のように書き出してみましょう。

●はじめに思ったこと

その出来事に対して最初に怒りを感じ、思ったことを書きます。

●認識のエラー

次にそう思ったことに認識の歪みがあるかどうかを疑います。このときにどのようなコアビリーフにもとづいてその認識がなされたのかも考えます。

●リフレーム（言い換え）

3コラムテクニックの見本

最近、怒ったことを3コラムテクニックで書き出してください。

1. はじめに思ったこと	2. 認識のエラー	3. リフレーム(言い換え)

その出来事をプラスな方向にとらえるためにはどのように認識できればよいのか、そのために必要なコアビリーフはどのようなものかを考えます。その上でどのようなアクションが起こせるかを考えます。

3コラムテクニックをやるときは、怒りを感じた直後は避けてください。なぜなら3コラムテクニックは、アンガーログと違い、自分の内面や過去とより深く向き合うので、怒りを感じた直後だと怒りに引っぱられてしまうからです。「アンガーログ」は、アンガーマネジメントの認識の修正の基本となるものですが、あまり自分の過去や悩みや内面には深くつっこみません。

ですが、3コラムテクニックは違います。なので、できれば週末など、落ち着いてゆっくり時間がとれるときに行ってください。なるべくなら落ち着いた環境が望ましいでしょう。ストレスの少ない状況で、ゆったりと時間をとって、じっくり自分と向き合うのです。

また、3コラムテクニックをする際は、次のことを自分に質問しながら行ってください。

「長期的な視点から見たとき、自分やまわりの人にとっても健康的でプラスになるためにできることはなんだろうか」

この質問を自分自身に投げかけながら行うのです。

この視点をもとに自分のコアビリーフを疑い、修正していきます。

また、アンガーログと同じく書きながらやってみてください。頭の中だとうまく自分の考えがまとまらないからです。

第5章でやったアンガーログをもとに3コラムテクニックをやるのもいいでしょう。

その一週間で記録したアンガーログ10枚なり、20枚なりを眺め、その中から取り組みたい怒りを数件取り出し、そのことについて深く考えてみるのです。

「バイトは使えない」という認識のエラー

では、3コラムテクニックを実際にやる前に、例を二つ見てみましょう。

ました。

〈ケース1〉

ファストフード店で店長をしている小山さんは、アルバイトの管理で苦労をしていました。

すぐに辞めてしまったり、無断欠勤する高校生が何人もいたので、「アルバイトなんてどいつもこいつも使えないヤツばかりだ」と信じています。そこに、今日アルバイトの予定の入っている高校生から欠勤するという電話がかかってきました。

小山さんはアルバイトの高校生に大激怒。「もう来なくていい」と言ったのでした。

そして、あとで冷静になったところでひとしきり反省し、3コラムテクニックをやってみたのでした。

●はじめに思ったこと

どいつもこいつもワガママばっかり言いやがって。高校生なんてみんなダメだな。

今どきの高校生に期待するほうがおかしいのかもしれないな。

●認識のエラー

「高校生バイトがみんなダメ」というのは、自分の勝手な思い込み、コアビリーフだ。これがあるから「欠勤の電話」で、「こいつもダメな高校生だ」と認識し、怒ってしまうのだ。この高校生には、他に正当な理由があったかもしれなくても。

●リフレーム（言い換え）

「高校生バイトがみんなダメ」ということはない。「一人ひとり違うから、できる高校生もいる」というコアビリーフをもつようにしよう。そして一人ひとりをきちんと評価しよう。そのためには、できる高校生の特徴を見抜けるようにしよう。バイトの採用基準も見直してみよう。

〈ケース2〉

浅野さんはつきあっている彼が毎日電話してくれないことに不満をもっています。浅野さんにとっては、彼は毎日彼女に電話をするのが当たり前と信じているからです。

今日も彼からの電話を待っているのに、まったくかかってくる気配がありません。

イライラしながら彼の電話を待っている間に、以前習った3コラムテクニックをやってみようと思ったのでした。

●はじめに思ったこと

なんで電話してこないの？　毎日電話するのが普通だよね。

●認識のエラー

「彼が彼女に毎日電話をするのは当たり前、義務だ」というコアビリーフがあるから、彼からの電話がないと「彼はひどい」と歪んだ認識をし、怒ってしまうのね。でも、たしかに電話は義務ってことはないよね。私が当たり前だと思っていることは、自分の願望であって、彼の当たり前ではないのだろうな。

●リフレーム（言い換え）

「毎日の電話は必要ない。どうしても話したいなら自分から電話をする」というコアビリーフをもとう。そうすれば、今みたいに「彼からの電話を待つ」ことにイライラしないはず。ただ、その一方で、毎日かかってくるかどうかわからない電話を待つのは疲れるから、今度からは電話してもらう日を決めよう、と彼と話し合ってみよう。

このように3コラムテクニックでは、自分のコアビリーフが歪んでいないか、認識にエラーがあるかどうかをチェックしていきます。

その上で、どのようなコアビリーフをもてば、問題を起こさない認識ができるのかを考えます。そして、修正したコアビリーフをもとに、どのようなアクションをとっていけば問題が解決するのか、をセットで考えるようにします。

自分のコアビリーフに歪みがあるかどうかを判断するポイントは、**自分や周囲の人にとって、それがプラスで健康的なものになっているかどうか**ということです。

当然のことながら、自分にもまわりの人にもプラスになるコアビリーフや認識のしかたが望ましいわけです。

自分のコアビリーフ、認識をチェックしたとき、**どうしてもそれが長期的な視点から見て自分にもまわりの人にとっても健康的でプラスなものになっているのかどうかわからないときは、まわりの人に自分が考えていることを話してみましょう。**

何人かの人（できれば利害関係のない人）に自分が信じていることや認識していることを話し、どのような意見をもつのかを聞いてみるのです。

第三者から意見を聞いていくことで、独りよがりになることを予防できます。

3コラムテクニックを実践することで、理想の自分になるために必要な考え方、具体的なアクションを自分で理解することができるようになります。

自分の価値観や過去を疑う

さて、それでは一緒に3コラムテクニックをやってみましょう。

まずは、最近、記録したアンガーログの中から気になるものを一件取り出してください。そしてその出来事を思い出してください。

そしてなるべくその出来事で感じた怒りの背景に、素直に向き合ってください。

【はじめに思ったこと】

まず怒りを感じた状況を思い出してください。そして、そのときにはじめに思ったことを素直にそのまま書いてください。

【認識のエラー】

自分はなぜそう思ったのでしょうか。そしてそう思ったのは、どのようなコアビリーフによってそう思ったのでしょうか。

自分のそのコアビリーフは歪んでいないのかを考えてみましょう。自分の認識にエラーがないか疑ってみましょう。

自分が「常識」「当たり前」と思っていることは、本当にまわりの人にとっても常識や当たり前のことでしょうか。

どうしてもわからないようであれば、まわりの人に率直に聞いてみましょう。

【リフレーム（言い換え）】

その出来事をプラスな方向にもっていくためにはどのように認識できればよいのか、そのために必要なコアビリーフはどのようなものかを考えます。
その修正したコアビリーフをもてば、どのような認識になるのかを考えます。さらには、その修正したコアビリーフにもとづいて、自分にもまわりの人にもプラスになるような状態になるためには、どのような言動をとっていけばよいのかを書き出してみましょう。

コアビリーフを疑う「3コラムテクニック」をやってみて、いかがだったでしょうか。

3コラムテクニックは、自分の内面と深く向き合い、自分の信じている価値基準や自分の過去を疑うことになるため、少しつらい部分があります。ただ、これをすると、アンガーマネジメントが一気にうまくいくようになります。

これをゆっくり、じっくりとでかまわないので、きちんと取り組めば、必ず怒りにふりまわされずにアンガーマネジメントができるようになります。

コアビリーフを検証できる自分でいよう

3コラムテクニックをする際に、気をつけてほしいことがあります。

これを行っていると、自分が当たり前と思っていることでも、周囲の人は当たり前と思っていないことはいくらでもあることに気づきます。自分が常識と思っていることも、常識ではないと気づくこともよくあることです。

だからといって、**自分が信じていることのすべてに自信をなくしてくださいということではありません。**

ただ単純に、自分のコアビリーフのうちの一部が自分にもまわりの人にとってもプラスにならないことはあるというだけのことです。

「自分のコアビリーフの一部が歪んでいることでまわりとの間に問題が起きるのなら、それは直していこう」と謙虚に自分の行動を見直せばいいのです。

自分のコアビリーフや認識をまったく疑わなければ、とても独りよがりな人になってしまいます。

そしてその独りよがりによって怒り、まわりを傷つけ、事態を悪化させ、結果的に自分をも苦しめてしまうのです。

「私のコアビリーフは歪んでないか」と検証できる視点をもち、自分と向き合えることこそが大事なのです。

「怒り」によって大切なものを失くさないように、どのようなコアビリーフをもてば自分にもまわりの人にとってもプラスなものとなっていくのかを考え、自分が望む形に変えていきましょう。

怒りの爆破スイッチ「トリガー思考」を知る

「地雷」の原因は過去にあり

さて、コアビリーフの歪みにじっくりと向き合い、変えていくと同時に、あなたのトリガー思考についても考えてみましょう。

つまり、**トリガー思考は、怒りが表に出るきっかけになる考え方です。**私たちがふだん「地雷をふんだ」のような言い方をしているようなものです。

このトリガー思考に気づかないと、私たちはいつまでたっても同じようなことで怒ってしまうことになりかねません。

私たちはコアビリーフ同様、さまざまなトリガー思考をもっています。

自分の怒りのきっかけになりやすいトリガー思考は誰にもあります。

ある人は「自分がバカにされた」ということが最も大きなきっかけになるかもしれません。

ある人は「だまされる」ということが一番のきっかけになるかもしれません。

ある人は「容姿のことを言われる」のがトリガー思考になるかもしれません。

自分のどのようなトリガー思考が最も危険なのかを知ることは、怒りをマネジメントしていく上では欠かせません。

自分の危険なトリガー思考をあらかじめ知っておくことで、もし誰かが自分のトリガー思考にふれるようなことを言ったとしても、「まずい、これは自分のトリガー思考だ」と先回りして対処することができるようになるからです。

自分のトリガー思考に向き合うのは、少し苦痛かもしれません。

なぜなら、自分にとってパワフルで大きな意味をもつトリガー思考は、自分のコンプレックスだったり、思い出したくない苦い過去に関係していることが多いからです。

例えば、「無視された」ということがトリガー思考の場合、その人は過去に無視されたことで大変傷ついた過去があります。

あるいは、「誰も話を聞いてくれない」ということがトリガー思考の場合、その人は誰も話を聞いてくれないことで、とてもつらい思いをしたことが過去にあります。

アンガーマネジメントは基本的にはソリューションフォーカスアプローチなので、あまり過去にさかのぼって原因を追究しないのですが、トリガー思考はある程度、過去を振り返って過去に向き合う必要があります。

トリガー思考もコアビリーフ同様、過去から長い時間をかけて少しずつ形づくられてきているものだからです。

結局は、同じトリガー思考で怒っていた

では、トリガー思考を探る一例をあげましょう。

証券会社で営業をしている福田さんは、これまでに何度かまずい言動をしてしまったことがあり、そのことについて反省していました。

ただその一方で、何がきっかけで自分がこうも激しく怒ってしまうのか、今ひとつ自分自身でわかっていませんでした。

福田さんには、このことを解決するため、アンガーマネジメントを受けるにあたり、アンガーログをつけてもらいました。

その際、この事件は大きいなと思われるアンガーログの二件に注目することにしました。それは、次の二件です。

福田さんは「接待こそ営業の要」ということから、今、狙っているお客さまに対して連日の接待をしていました。ライバルとの競争は激しかったのですが、これだけ接待をし、信頼を得ていれば大丈夫だと思っていました。先方からも「福田さんと一番仕事をしたい」と言ってもらえたりして、福田さんは営業の手応えを感じていました。

ところが、結局そのお客さまはライバル会社と契約をしてしまったのです。

それを知った福田さんは激しく怒り、お客さまに電話をして「なんで突然変えてしまうんですか⁉　信頼してたのに！　ひどい！」とくってかかったのです。

当然、この電話が原因で先方から会社に苦情が入り、上司からもひどく評価を下げられたのでした。

また、福田さんの部下が転職したときも一悶着ありました。

福田さんは、その部下をかわいがり、手塩にかけて育てていると自負していました。ところが、突然その部下が、福田さんになんの相談もなく転職をするということを告げてきたのです。

その時も福田さんは、「君にどれだけ手をかけたと思ってるんだ……。恩を仇で返すのか！」とその部下を強く責めてしまったのです。

もちろんそれ以降、福田さんの社内での評判は決してよいものにはなっていません。

この二つの事件のうち、共通している思いはなんでしょうか。

福田さんには、この二件をじっくり思い出してもらい、その二件に共通する思いを書いてもらいました。

その結果、二つの事件に共通して「裏切られた」という思いが福田さんの中にあったのです。

そうです、福田さんの怒りを大きくするきっかけとなったトリガー思考は、「裏切られる」ということだったのです。

実は福田さんはこれまで生きてきた中で、何度か裏切られたということを経験していて、その度にとても傷ついた経験があったのです。

そのため「裏切られる＝自分にとっては最悪のこと」というように自分の心の中に書き込まれていたのでした。

接待営業の件では、契約がとれなかったということは目に見える現象であって、トリガー思考ではありません。トリガー思考は、通常はその目に見える現象の裏にあるものです。

ですから、福田さんを本当に怒らせたものは、契約がとれなかったという事実が象徴している「相手が自分を裏切った」ということでした。

「自分がこれだけお金と時間を使って尽くしたのだから相手は当然それに応えるべき」というコアビリーフの歪みが福田さんにはありました。

そして、相手が自分と契約をしなかったことで、「自分は裏切られた」と受け取り、お客さんにくってかかるというまずいことをしてしまったのでした。

部下の転職の件も同じことです。福田さんは、「自分がこれだけ手塩にかけて育てているんだから、部下は自分の期待に応えるべき」というコアビリーフの歪みがありました。

そして、部下が自分に相談することなく転職を決めてしまったことで、「自分は裏切られた」と受け取り、部下を罵倒したのでした。

福田さんが経験したことは、契約がとれなかったり、部下が転職したりというまったく別の出来事です。

ただ、福田さんを激しい怒りにおいやったのは、「自分は裏切られた」という共通のトリガー思考だったのです。

目に見えない思いと深く向き合おう

トリガー思考に実際向き合う際は、3コラムテクニック同様、なるべく静かな環境でゆったりと自分と向き合える環境を用意してのぞみましょう。

内面に深く向き合うものですから、ストレスのないリラックスした状態でするのが望ましいのです。

そして、第5章でつけたアンガーログを数枚用意してください。

そのアンガーログを見ながら、怒った出来事も思い出しましょう。

その上で、**アンガーログの項目のうち、「思ったこと」「感情」「結果」に注目するのです。**

自分はその出来事で「どう思ったか」「結果としてそれをどのようにとらえたのか」という「目に見えない気持ち、感情、思い」についてフォーカスするのです。

アンガーログの中でも、「上司に怒鳴られた」「何度も同じミスをする」といった

「出来事」などの、〝目に見える事象そのもの〟は見なくてかまいません。

気持ちや感情の中で、自分が怒ってしまう要因になったものは何か。

それを考えてください。

ただし、**怒ったことを思い出す際、「思い出し怒り」をして、再び誰かに怒りを抱かないよう気をつけてください。****あくまでも自分の心と向き合うのです。**

そして、一枚一枚のアンガーログに、自分のトリガーを特定して書き込んでいってください。

ある一件は、「バカにされた」ことかもしれませんが、ある一件は、「裏切られた」ことかもしれません。

ですが、一件一件「トリガー」を書いていくと、何度も同じ「トリガー」が出てくるはずです。

それこそがあなたの大きな「トリガー思考」なのです。

過去にとらわれない視点をもつ

このように、トリガー思考は、「自分の怒りを爆発させてしまうきっかけとなるもの」です。

一般的なトリガー思考としては、左ページ一覧のようなものがあげられます。

自分自身で、アンガーログを見つめ、自分と向き合ってください。

ただ、ここで一つ、気をつけてほしいことがあります。

それは、**過去に経験した苦しみ、つらさ、悲しみは今後も同じように繰り返されるわけではないということをしっかり頭においておいてほしいということ。**

例えば、「無視された」というのが自分の大きなトリガー思考の場合、これまでに「無視された」ことでつらい思いや悲しい思いをしてきました。

だから、今でも「無視された」と思えば、そのつらさや悲しさを一瞬でも忘れたい

トリガー思考の代表的な例

- □ バカにされた
- □ 利用された
- □ 無視された
- □ 認めてもらえない
- □ 誰も話を聞いてくれない
- □ なめられた
- □ 感謝されていない
- □ 喜ばれていない
- □ 見下された
- □ 顔に泥をぬられた
- □ 恥をかかされた
- □ 誰も気にかけてくれない
- □ だまされた
- □ 裏切られた
- □ ないがしろにされた
- □ 傷つけられた
- □ 思いどおりにいかない
- □ 容姿のこと
- □ 人種差別、男女差別

……など

ために、怒りをもつのです。怒りはつらさ、痛み、悲しみなどをごまかしてくれる役割もしているからです。

とはいえ、これまでに「無視された」経験があるからといって、今後もまた「無視される」とはかぎりません。

また、「無視された」と思っても、よく考えれば実はたいしたことないこともよくあります。昔の「無視された」ことと、今の「無視された」ことは違うものです。

トリガー思考の原因となった苦しみ、つらさ、悲しみは、あくまでも過去のこと。そう自分に言いきかせて、今後はそれにとらわれすぎないようにしてください。

怒るワンパターンから脱する

いつも似たようなことで不快になる人へ

さて、アンガーログをつけ、コアビリーフ、トリガー思考に向き合っていく中で気づいたことはありませんか。

そう「イライラ、ムカムカする」といっても、実は、怒りを感じる人はいつも同じ上司だったり、イラつくのは必ず電車の中だったり、ムカムカする出来事があるのは決まって午前中だったり、と自分なりのパターンがあるのです。

あなたも自分でもあきれるぐらい同じようなことで怒って、同じことを言ったり、したりしていませんか。

人は知らず知らずのうちにワンパターンにはまるものなのです。

人がワンパターンにはまるということは、良いか悪いかは別にしてラクなのです。決まったことさえしていればいいのですから深く考える必要がありません。いつもと違ったことをするというのは、大きなエネルギーがいるということを、人は無意識のうちに知っているのです。

だから、**人は放っておくとワンパターンにはまるものなのです。**

といっても、ここで「ワンパターンがダメ」と言っているのではありません。よけいな労力を払わなくていいのであれば、そのほうがいいのですから。

ここで言いたいのは、**ワンパターンだから不都合なのではなく、いつものワンパターンの中に、イライラ、ムカムカを引き起こしてしまうものがあるのなら、変えていきましょう、ということです。**

いつもの行動を一つだけ変える

あなたはどのようなワンパターンにはまっているでしょうか。

毎日の出来事を振り返ったり、アンガーログを見直してみて、これはもしかしたらワンパターンなのかもしれないということがあれば、書き出してみてください。

そしてワンパターンにはまっていると思ったときは、アンガーマネジメントでは、「ブレイクパターン」を試みます。

ブレイクパターンとは、文字通り「パターンを壊すこと」です。**いつもの通勤経路、話し相手、仕事内容、食事場所など、イライラ、ムカムカするワンパターンの中で、一つだけ、いつもと違う行動をしてみるのです。**

やり方としては、まず第5章でつけたアンガーログの中で、「そういや、いつものことでムカついてるな」という件を取り出してください。そしてそれについて3コラムテクニックをするのです。

その3コラムテクニックの中で、とくに「リフレーム」の項目に注目してください。正しい認識に修正したあと、その認識をもってやるべき行動をいくつかあげてもらったと思います。その行動のうち、一つだけを実際にしてみるのです。

このブレイクパターンは、第5、6章でやってきた「認識の修正」を具体的に行動に移す、という意味があります。

変化した認識をもとに、自分の行動を変えたのならば、まわりではどういう変化が起きるのかを確認していくのが目的です。

そしてその変化が自分にとってプラスのものであるのならばブレイクパターン成功です。逆に、変化があまりなかったり、好ましいものでなかったのなら、また別の行動にトライしてみてください。

ブレイクパターンのポイントは、いつもと違うことを一つだけするということです。

なぜなら、一度に複数変えると、何が原因でうまくいったのかがわからなくなってしまうからです。

もう一つ、ブレイクパターンをより効果あるものにするためのポイントは、まずは小さな行動を変えることから始める、ということです。

では、ここでブレイクパターンの一例をあげましょう。

毎朝、コンビニでイライラするケース

笠原さんは、朝、始業時間ギリギリの5分前に会社近くのコンビニでコーヒーを買う習慣になっています。が、そこで朝から財布を出すのにトロトロしている人がいて列ができていると、イラつきます。

「朝っぱらからゆっくりしてるなよ。みんな急いでいるんだから」

また笠原さんは、昼休みに銀行に行って、窓口で並ぶたびにムカムカしています。

「なんでいつもいつもこんなに混んでるんだ。こんなに混むってわかってんなら、もっと人を用意しろよ」

平日の昼休みの時間帯は銀行の窓口が最も混む時間帯です。笠原さんがいくら不平不満を言ったとしても、これは変えることができません。

なのにムカムカしてしまうのです。

このムカムカを引きずって、午後、社に戻ってからもささいなことで怒ってしまう

ことも少なくありません。

笠原さんは、「コンビニはお客さまを待たせるべきではない」「銀行は混むとわかっているなら人を用意すべき」というコアビリーフをもっています。

その怒りを生んでしまうコアビリーフの歪みを抱えたワンパターンの中で、笠原さんは生活をしてしまっているのです。

ワンパターンに「怒る仕組み」にはまってしまっているのです。

それに気づいた笠原さんは、ブレイクパターンを試みることにしました。

まずは、朝のコンビニの件です。

いつも「コンビニが混むたびにイラつく」というパターンをくずすために、まずは認識の修正をし、「コンビニだってお客さまを待たせることがある」という正した認識のもとに、できる行動をいくつか考えました。

「自動販売機でコーヒーを買う」「少し時間に余裕をもってコンビニに行く」「そもそもコーヒーを買わない」などの行動が思い浮かびました。

自動販売機だと、コーヒーの選択肢が少なすぎます。また、コーヒーを飲まないでいるのは気が進みません。

ですので、「レジが混むこともある。そんなことで朝からイラつくのはもったいないから、時間に余裕をもってコンビニに行こう」と、「一本早い電車で通勤する」という行動の変化を一つだけ実行することにしたのです。

結果、コンビニで並ぶことがあっても、始業時間までは余裕があるため、イライラすることがなくなりました。

また、お昼休みの銀行の件では、「昼休みに銀行は混むものだ。人手の問題ではない。並ぶのはわかってるんだから、その間に何か暇つぶしできるようにすればいい」とコアビリーフを修正し、いくつかの解決策のうち、笠原さんはお昼休みに銀行に行くたびに、「本を持っていく」という行動を一つすることでブレイクパターンを試みました。

これで、「じっとイライラ待つ時間」が「本を読める時間」になり、イライラせずにすむようになったのです。

腹が立つ相手は、決まって上司のケース

先ほどの笠原さんの例は、「同じような時間帯でイライラする」だけで、特定の相手がいるケースではありませんでした。ですので、比較的スムーズにイライラを解消することができました。

では、特定の相手がある場合はどうでしょうか。

ブレイクパターンの例をもう一つ見ていきましょう。

会社で経理を担当している夏野さんの怒りのワンパターンは、「社長」です。

夏野さんは、経理という仕事柄、社長とは身近で働く存在です。

社長は、物言いが多少きついところがあります。そこへもってきて、感情の起伏が激しいところがあるので、機嫌が悪いときに書類で不備があったりすると、大きな声で怒鳴られるのです。

そのたびに夏野さんは、社長に対して怒りや不満を募らせていました。「社長なんだから、社員を思いやれ」「社長は鷹揚《おうよう》にかまえているべき」というコアビリーフをもつために、怒りを抱くのです。

当たり前ですが、このコアビリーフが当の社長に通じるはずはありません。ですので、コアビリーフのズレを修正して「社長とはいってもいろんなタイプがいる」と思うようにし、その考えのもとに社長とのいさかいを減らすためにどんな行動ができるかを探ってみました。

彼は一つのことに注目しました。

それは「月末近くになると社長の機嫌が悪くなる」ということです。

夏野さんは、経理という仕事上、「月末近くに社長の機嫌が悪くなる」のは、「資金繰りの心配のストレス」ではないかと考えました。

とはいえ、「特に資金繰りに窮している」ということはないので、「社長自身があまり経理に明るくない」ということが原因だと推測したのです。

そこで、夏野さんは通常の資金繰り表のほかに、「社長のためにとてもわかりやすい簡易的な表を作る」ようにしました。

夏野さんのブレイクパターンで変化した行動は「簡易的な表を作る」ことです。

このわかりやすい一つの変化で、社長の資金繰りに関する不安を減らすことができると考えたからです。

効果は上々でした。社長は月末近くにイライラすることがぐんと減りました。

社長のイライラが減るということは、夏野さんの怒りも減るということです。

それだけでも、夏野さんの気はかなりラクになりました。

夏野さんがつくった一つの変化によってブレイクパターンが成功し、社長との間の不満の一部が解消したのです。

このことで夏野さんは、「そのほかのことでもブレイクパターンをして、社長が原因の怒る仕組みを減らそう！」という前向きな気持ちになることができました。

小さな変化を積み重ねる

ブレイクパターンができるようになると、「怒るパターンから自分の力で脱することができる」と思えるようになります。

そうなると、「自分」のほうが「怒り」より立場が上になり、「自分」が「怒り」を支配していると実感しやすいのではないでしょうか。

ブレイクパターンのコツは、小さなことでよいので、何かいつもと違う行動を一つだけするということ。

一度に大きな変化を望むのではなくて、小さな変化をつくることを考えてください。

小さい変化でも、自分が変わったことで相手も変わったこと、怒りのパターンをくずせたことは大きいはずです。

こういう**小さな変化の積み重ねが、「怒りにくい仕組み」「怒りにくい生活パターン」をつくりだしていくのです。**

人には、同じようなことでイライラする「怒りのパターン」があるものです。

まずは自分のパターンを見つけましょう。そして、自分の認識を変え、目に見える小さな行動を一つだけ変えることでブレイクパターンをしていきましょう。

このブレイクパターンは、認識の修正の先にある行動の修正です。

認識の歪みに気づき、その認識を直し、正した認識をもとにすべき行動を考える。そして実際に行動を起こしてみる。結果、プラスの変化が起きれば、「認識の修正」ができたといえるのです。

これを繰り返していけば、怒りにとらわれず、ムダに争わず、穏やかに仕事をするあなたに変わっていくことでしょう。

第7章

自分の気持ちの「上手な伝え方」を身につける

言い方しだいで、あなたの評価はガラリと変わる

コミュニケーションを見直す

第5、第6章で、認識の修正をはかり、「怒りにくい仕組み」について、学んできました。同じ出来事を見ても、今までより怒りを抱く回数はおそらく格段に少なくなっているはずです。

ですが、いくら認識の修正をし、「怒りにくい仕組み」をつくっていったとしても、まったく怒らないことは人間であるかぎり不可能であるといえるでしょう。

よってこのラストの第7章では、**怒ったとしても怒りをそのまま相手にぶつけないコミュニケーションについてお話ししたいと思います。**

そのコミュニケーションの際に、とても大切なこと。

それは、**怒りの後ろには、伝えたい気持ちがあるということです。**

その気持ちを伝え、きちんと理解してもらうためには、どのようなコミュニケーションをとったらいいのかを学んでいきましょう。

アンガーマネジメントにおいて、「コミュニケーションの修正」は、「長期の行動の修正」の中の一部です。第4章でご紹介した「短期の行動の修正」である「衝動のコントロール」に比べて、その修正には時間がかかり、本来ならじっくり腰をすえて行うべきトレーニングです。

そもそも「コミュニケーション」とひと口にいっても、そのことを言いだすとそれだけで一冊の本が書けるくらい奥深いものです。とてもではありませんが本書では書ききれません。

そこで本章では「コミュニケーションの修正」において、一番押さえてほしい基本のみをお話しします。

怒っていても、態度に出さなければわからない

　さて、あなたがテレビで感動的な話を観ていたとしましょう。そして、あなたが本当は感動しているにもかかわらず、

「こんなちんけな作り話、観てるだけでムカつくね」

と言ったとしたら、まわりからあなたはどう思われるでしょうか。あなたは感動のわからない、なんてイヤな人間なんだろうと思われるかもしれません。

　逆に、まったく感動していないにもかかわらず、

「本当に感動的な話だね。こういう話を観ていると、世の中もまだ捨てたもんじゃないと思えるね」

と言えば、とても心優しい人に思われるかもしれません。

　あなたが本当のところ、何をどのように考え、感じているのかはまわりの人にはわかりません。

だから、**まわりの人があなたのことを知るのは、あなたがどのようにコミュニケーションをとるかしだいなのです。**

つまりあなたがどんなに一生懸命に第5、6章で行った「認識の修正」をして怒りを生み出さないよう努力をしても、不用意な一言や不適切な言葉を言ってしまえば、あなたの努力は一瞬のうちにふいになってしまいます。

一方で、あなたがまだ怒りを上手にコントロールできないとしても、不用意なこと不適切なことを言わなければ、とりあえずは人間関係にひびを入れたり、壊したりするようなことはなくなるでしょう。

まわりの人は、口に出した言葉、目に見えるしぐさ、とった行動に関心がいきやすいものです。

怒っていたとしても、

「なるほど。その件はすんだことですから、あまり気にしないでください。それよりもみんなで解決策を探っていきましょう」

と穏やかに言ったなら、相手はどう思うでしょうか。

逆に、落ち着いて考えればそうたいしたことのない一件でも、
「何考えてるんだ！　そんなことしやがって!!　おまえのせいでフォローするこっちの身にもなってみろ！」
と怒鳴ったらどうでしょうか？

心の中では、どちらのほうが強い怒りを抱いているのかどうかは、誰にもわかりません。ですが、後者のほうが「怒っている人」の印象を与えることでしょう。

あなたが怒ったとき、どうコミュニケーションをとるのかが、とても大切なのです。

つまり「何を」「どのように」伝えるか、ということが、コミュニケーションにおいては重要なのです。

「どのように」伝えればいいのか

まずはじめに、「どのように」についてを述べると、同じことを言うにしても、とにかく穏やかに丁寧に伝えることを心がけるにかぎります。

例えば、どちらのほうが明日までに報告書を出したいと思うようになるでしょうか。

激しく強い口調で「明日までに報告書を出せって言ってるんだ！」

穏やかな口調で「明日までに報告書を出してもらえますか？」

もちろん後者の穏やかな口調ですよね。

あなたが人を動かしたいなら、怒りにまかせて何かを言うことは逆効果です。

あなたが怒りにまかせて何か言えば、相手からの反発を生むだけです。

怒りにとらわれたコミュニケーションをすることは、結局は自分が一番損をします。

かの有名な「北風と太陽」の童話をあなたも知っていることでしょう。

旅人から洋服を脱がすために、北風と太陽が競争をします。北風は風を強烈に吹きかけることで旅人から洋服を力ずくでとりはらおうとしました。太陽は暖かくすることで旅人から洋服を自然と脱いでもらおうとしました。結果はご存じのとおり、太陽の勝ちでした。

北風のやり方は怒りをぶつける方法と一緒です。どんなに強くあなたの怒りを誰かにぶつけたとしても相手を変えることはできません。

相手を変えられないどころか、相手の態度はよりかたくななものになってしまうでしょう。

太陽の方法は無理強いをすることなく、自分の思い通りになっています。**人間関係を上手につくるコミュニケーションも同じなのです。**

「どのようにして」コミュニケーションするかは、とにかく穏やかな口調を心がけ、ゆったりとふるまうようにすること。カッときたら、第4章の衝動のコントロールを思い出してください。その上で、一呼吸置いて、ふだんのペースで話すのです。

「何を」伝えればいいのか

もう一つ、「何を」についてお話ししましょう。

コミュニケーションとは、「相手に自分の心を伝えること」です。

その**伝える際に、どういう言葉、表現を用いるかはとても重要です。**

私たちが意識している以上にたった一つの言葉のもつ力は強力だからです。

何気ない一言で人間関係を一瞬にして壊すこともできます。

ふだん使っている一言の中にも、知らず知らずのうちに、人間関係を壊しやすい言葉や表現は意外に多いものです。

そうした言葉や表現を使うと、誤解を生みやすく、またうまく意思疎通がはかれなくなりがちです。

これからご紹介する言葉や表現は、人間関係を壊しやすいものです。会話の中で、とくに怒りを抱えた状態では、できるだけ使わないようにしてください。

言ってはいけない言葉・表現のツボ

「絶対」「いつも」「必ず」を避ける

では、さっそく、人間関係を壊しやすい言葉・表現をご紹介していきましょう。

ふだん、私たちは実に多くの回数、「絶対」「いつも」「必ず」という言葉を使っています。もし数えれば、自分が思っている以上に使っていることでしょう。

なぜ私たちはこれほど、「絶対」「いつも」「必ず」という言葉を使うのでしょうか。

それは、これらの言葉を使ったほうが会話が簡単でラクになるからです。

例えば「お前は絶対遅刻する」「お前はいつも遅刻する」と誰かに言うとき、本当ならばこれまでに100％遅刻していないといけません。

10回に1、2回遅刻するのでは100％ではありません。本来、正確に言うのであれば「お前は10回に1、2回は遅刻する」、あるいは「この前は遅刻したから、お前は今回も遅刻するんじゃないか心配だ」ということになります。

ですが正確に伝えようとするのはいちいち面倒くさいものです。つい、正確さを無視して強調した言い方をしてしまうのです。

ただ、考えてください。正確でない物言いはどうなるでしょうか。あなたが事実と違う物言いをされたらどう思うでしょうか。

快くは思わないでしょう。

言われた相手にしてみれば「『絶対、いつも、必ず』って言うけど、１００％遅刻してるわけじゃないのに」と言い返したくなることもあるでしょう。

また、あなたが「絶対、いつも、必ず」を使うとき、あなたは「自分が言っていることが正しい」と無意識に思っていたりします。

その思いが相手に伝わるから、不快感をもたれるのです。

「絶対」「いつも」「必ず」という言葉を使いたくなったら、ほかに正確な表現ができないか、置き換える言葉や表現を探してみましょう。

「決めつけ」「レッテルをはる」のはやめる

「お前は何もわかってない」という決めつけや、「君は感情的だ」というレッテルをはるのも、人間関係を壊す省略した表現です。

「お前は何もわかってない」といった場合、本当に何もかもをわかっていないということなのでしょうか。そんなことはないはずです。

それでも、私たちは決めつけをしがちです。なぜなら、決めつけたほうが簡単だからです。決めつければ、いちいち相手のことを細やかに理解しなくてもすむからです。

例えば、「君は感情的だ」とレッテルをはる場合、もしかしたら、その人は過去に何度か感情的な話し方をしたのかもしれません。ですが毎回そうなわけではないのです。

なのに、悪いようにレッテルをはられた側はどう思うでしょうか。「自分のことをそんなふうに決めつけて、ひどい」と思うでしょう。

あなたもレッテルをはられたら、どう思うでしょうか。そのレッテルをはってきた人に好意的な感情をもつことができるでしょうか。

答えはノーでしょう。


決めつけやレッテルをはる言葉や表現をしていないか気をつけてみてください。

大げさに言わない、オーバーに言わない

「俺は世界一ついてない」

「なんで自分ばっかりがこんな目にあうんだ」

「こんな部下がいるから、俺は出世できない」

「あんな上司がいるから、結果を出せない」

私たちが何かを大げさに言ったり、オーバーに言ったりするのは、自分の考えや感情が正しいということを正当化したいからです。

本当に自分は世界一ついていないのでしょうか。

本当に自分ばかりがそんな目にあうのでしょうか。

その部下がいることだけが、あなたが出世できない理由でしょうか。

その上司がいることだけが、あなたが結果を出せない理由でしょうか。

「大げさに言う」「オーバーに言う」ということは、事実とは違います。この「大げさに言う」「オーバーに言う」というのも避けたほうがいいでしょう。

大げさに言っている側は、自覚があまりありませんが、聞いている側は、なんでそんなに大げさに言っているのかが理解しづらいものです。

大げさに言っている側は「なんでこんな大事なことがわからないんだ？」と思い、聞いている側は「なんでそんなことで大騒ぎするんだ？」と思います。

大げさに言っている側は、自分が言っていることが伝わらないことにイラつき、聞いている側は、何をたいしたことでもないのに騒いでいるんだとイラつきます。

言っている側、聞いている側の双方がイラつくのですから、上手な人間関係がつくれるはずがありません。

あなたがもし、このように大げさに表現をするクセがあるのなら、**大げさな表現、**

オーバーな表現を使わずに、できるだけ正確に言うようにしてみましょう。

「べき」という言葉に気をつける

「上司の言うことは聞くべきだ」

「こういうときはきちんと説明するべきだ」

「これが正しいやり方で、他のやり方はやるべきじゃない」

〝べき〟もたくさん使うと人間関係を壊しやすい言葉となります。

私たちが〝べき〟を使うとき、それはどういう意味で使っているのでしょうか。

〝べき〟を使うとき、それは自分が言っていることが正しい、自分の言うとおりにしたほうがよいということを意味しています。

「一般的に正しいルール」だったり、「社会人として当たり前のこと」として自分の考え方、価値観を相手に押しつけているケースが多いものです。

ですが、その「一般的に正しいルール」「社会人として当たり前」とはどのようなものでしょうか。

「一般的に正しいルール」や「社会人として当たり前」といった言動は、多くの人がなんとなくそうだと思っていることはあっても、それぞれ微妙に違うものです。

例えば、目上の人にフランクな言葉づかいをする人を見て、「その話し方は常識はずれだわ。きちんとした言葉をつかうべき」と注意した場合、注意された側からすれば、「親しい気持ちをもったからそう言っただけ。悪気があるわけじゃないし、いいじゃない」と不満に思うかもしれません。

あるいは、チーム全体の仕事が立て込んでいて、みんなが残業しているときに、一人だけ自分の仕事が終わったから帰ろうとしている人がいたとします。「みんな残っているんだから、あなたも帰るべきじゃない」と言えば、「私の仕事が終わったんだから帰ってもいいんじゃないですか。自分の考えを押しつけないでください」と反発されるかもしれません。

それなのに、あなたの〝べき〟を相手に押しつけようとすれば、相手との感情的な対立は深まることでしょう。

〝べき〟はとても都合のいい言葉です。一見するとあたかも正しいことを言っているように聞こえます。

ですがその〝べき〟は、あなたの独りよがりかもしれないのです。

〝べき〟という言葉で、あなたの価値観や考えを押しつけないようにしましょう。

相手を責める言葉を使わない

「このミスはあなたのせいでしょ」

「君の責任です。どうしてくれるんですか⁉」

「なぜできないんだ？　できないわけがないじゃないか」

このように相手を責めていては、相手と上手な人間関係はつくれません。

相手を責める言葉は、人間関係を壊す代表的な表現です。

「あなたのせい」「君の責任」と直接相手を責めたり、「なぜやらない」「どうしてできない」――と相手の能力、仕事ぶりを責めたりすることはありませんか。

誰も好きで責められたい人はいません。責められた側は、本当のところ自分に責任があろうがなかろうが、気持ちのいいものではありません。**また、そもそも責任のありかを追及するときは、トラブルや事件の起きたときです。そんなとき、感情のままに「あなたのせいだ」といったところで、問題は解決するでしょうか。**

誰かを責めても、問題は解決しないし、状況もよくなりません。**ふだんの会話はもちろん、とりわけ怒りの感情をもったときほど「相手を責める言葉」を使わないようにしてください。**

もし相手を責めたくなったら、第3章で学んだ衝動のコントロールのテクニックを試してみましょう。

そして怒りをいったん抑えた上で、話すようにするのです。

いかがでしたでしょうか。

これらがコミュニケーションの中で、言ってはいけない、最も基本的な「言葉」

「表現」です。

なるべく使わないようにふだんから心がけてください。

まずは自分がこれらの人間関係を壊しやすい言葉や表現をどれくらい使っているのかチェックしてみましょう。

アンガーログやストレスログ、３コラムテクニックなどの記録用紙を見てみてください。自分の放ったセリフや、心の中の思いを記した中に、これらの言葉や表現が出てきていませんか。

これらを使わなくても会話はできます。

これらの言葉や表現に置き換える言葉や表現を見つけ、使っていくことで、相手に誤解を与えたり、人間関係をこじらせるようなことがないようにしていきましょう。

会話の主語を〝私は〟にしてみる

いつの間にか相手を責めていませんか

コミュニケーションの中で、もう一つ大切なことをご紹介しましょう。

「お前が連絡をよこさないから、私が怒られたんだぞ」

「君が遅刻をするから悪いんじゃないか」

「あなたが今さらそんなことを言うから、問題になるんじゃないか」

「○○さんがいい加減だから、いつもこの仕事がうまくいかないんです」

こういう言い方をしたことのある人は多いのではないでしょうか。

実はこれらの文章は、すべて他の誰かが主語になっています。

「お前」「君」「あなた」「○○さん」と、いずれも「自分」ではありません。目の前にいる相手を主語にしています。

自分が困っている、問題を抱えている、苦しんでいる、悲しんでいる、怒っているはずなのに、主語は〝私は〟ではないのです。

他の誰かを主語にしている間、あなたはあなたの怒りの矛先を他の誰かに向けています。

怒りはあなたの選択の結果です。誰かがあなたを怒らせているわけではありません。そのことを忘れていると、自分の怒りの責任を誰かのせいにしようとします。

そうすると、**他の誰かを主語にして会話をしようとします。**

他の誰かを主語にするということは、まずは他の誰かを責めたり、他の誰かの責任を追及するということです。

自分が怒っている、困っている、悲しんでいるのに他の誰かに責任を押しつけ、それをわからせようとします。

責められる側にしてみれば、たまったものではありませんし、よい気持ちはしないでしょう。

他の誰かを主語にして会話をするとき、あなた自身は気づいていなかったかもしれませんが、このようなことをしていたのです。

主語を「私」にすると思いが伝わる

怒ったとき、ムカついたときは、会話の主語を〝私は〟にしてみましょう。すると、他の誰かを直接的に責めるようなことはなくなります。

「あなたが先方に連絡をしないから、私が怒られたんだぞ」と言えば、言われた側は責任を感じたとしても、あなたへよい感情はもたないかもしれません。

けれども「先方に『連絡がこない』と怒られて、私はイヤな思いをしたよ」と言った上で、「だからあなたのほうでも連絡ミスが起きないやり方を考えてくれないか」と言えば、相手の印象は大きく異なるのではないでしょうか。

このように、主語を「自分じゃない誰か」から「私」に変えるのです。

先ほどの言葉の例でいえば次のようになります。

×「君が遅刻をするから悪いんじゃないか」
○「君が遅刻すると私はスケジュールがずれるので困ります」
×「あなたが今さらそんなことを言うから、問題になるんじゃないか」
○「今さらそれを言われても、私はどうしたらいいかわかりません」
×「○○さんがいい加減だから、いつもこの仕事がうまくいかないんです」
○「○○さんがそういう仕事ぶりだと、私はつらい思いをするのです」

いかがでしょうか。

主語を「私は」にすると、伝わるのはあなたの思いです。責任追及をしたり、考えを押しつけたりするニュアンスはグンと減るのではないでしょうか。

相手が責められていない、怒りの矛先を向けられていないと感じれば、相手も一緒になって問題を解決する方法を前向きに考えてくれるでしょう。

会話の中のささいな言葉かもしれません。

ですが、そのほんのささいな言葉を変えるだけでも人間関係は変わるのです。

まわりの人とうまく仕事をしていきたいと思うのであれば、会話の主語を〝私は〟にできないかを考えて実践していきましょう。

相手の立場、気持ちを思いやる

「攻撃」と「主張」の違い

コミュニケーションのコツは、怒りにまかせてよけいなことを言わないこと、ふだん使う言葉、表現を見直すことです。また〝私は〟を会話の主語にして、なるべく相手を責めるような姿勢はやめることだと述べました。

ここではもう一歩だけ踏みこんで、私たちが今後目指していきたいコミュニケーションの形である「アサーティブコミュニケーション」についてちょっとだけお伝えしたいと思います。

アサーティブコミュニケーションは、つまり、

「相手の立場や気持ちを尊重しながら、穏当な調子で自分の言いたいことを正確に伝

えるコミュニケーション」

のことです。

一つ、わかりやすい例でご説明しましょう。

営業マンの榊原さんは、仕事を頼まれると断ることができません。

「忙しいときに、仕事を頼んでくるなんて、なんて非常識な人だ。俺だって忙しいんだから自分のことは自分でやるべきだ！」と頼んできた相手にムカッとはするものの、それを口に出すことはできない性格です。

結局仕事をうまく断れない榊原さんは、仕事がいっぱいいっぱいになってしまい、イライラしがちです。また、頼んできた同僚に対しても不満を抱えてしまっています。

そんな榊原さんのところに同僚がやってきたときの会話です。

同僚「榊原、悪いけど、この書類のチェックやってくれないかな？」

榊原「えっ、いやっ、今はちょっと、他のことで忙しいっていうか……」

同僚「俺も忙しくてできないんだよ。いつもやってくれてるじゃないか。なっ」

榊原「ん、でも、やっぱり……」

同僚「頼んだぞ！　あとはよろしくな‼」

こんな感じで、結局は断れません。そして、断れなかったあとで、自己嫌悪に陥るのです。

榊原さんは、「はっきりと意見を言うこと」が苦手です。「はっきり意見を言うこと」は「相手を不快にすること」だと思ってしまっています。もっというと、「はっきり言うことは相手を攻撃するようなもので、言えばケンカになる」と思っているふしがあります。

「イヤだ」と思っても、「俺も忙しいから、やりたくない。自分のことは自分でやってくれ」と言えば、人間関係を荒立てるように思ってしまっているのです。

そのようなことはありません。**自分の意見をはっきりと伝えること、自分の主張を通すことと、相手の立場を思いやることはなんら問題なく両立できることです。**

「イヤだ」と思ったら、それを怒りながら言うのではなく、「イヤだ」と思った理由を相手にわかってもらえるよう丁寧に説明すればいいのです。

相手の「忙しいから仕事をお願いしたい気持ち」を尊重して受け取るのと同時に、「自分だって忙しいから、引き受けられない」という気持ちを尊重してもらえるよう正確に素直に伝えるのです。

榊原さんの例でいえば、先ほどの状況で次のように言うことができました。

同僚「榊原、悪いけど、この書類のチェックやってくれない？」

榊原「申しわけないけど、今はA社の見積もりを3時までに作らなきゃいけないから引き受けられないよ」

同僚「そんなこと言わずになんとか頼むよ、なっ」

榊原「君が忙しくて大変なのはわかるよ。でも僕も今はこの仕事を仕上げなきゃいけないんだ。今の仕事が終わったあとでいいなら、できる範囲で協力はできると思うよ」

同僚「そうか、わかった。またあとで話にくるよ」

これがアサーティブコミュニケーションです。

アサーティブコミュニケーションのルール

私たちが目指したいアサーティブコミュニケーションにはいくつかのルールがあります。

◎まず、あなたには言いたいことを言う権利があります。
◎次に、あなたが言いたいことを言ったからといって、それは必ずしも相手を傷つけることにはなりません。ただし、自分が言いたいことを言える権利があるからといってなんでもかんでも言ってよいというわけではありません。
◎その一方で、相手にも相手の言いたいことを言う権利があります。あなたは自分の意見を一方的に相手に押しつけることはできません。
◎逆に相手の意見に一方的に従わなければいけないということもありません。

上手に人間関係をつくるコミュニケーションには、お互いに認める「交渉」と「妥協」があります。

どちらか一方の意見だけを通すことは優れたコミュニケーションとはいえません。

アサーティブコミュニケーションにとって大事な発想は、

「自分の思いを主張すること。と同時に、相手の思いを聞くこと。その二つを考えながら、攻撃的になることなく、素直で率直に自分の思いを伝える」

ことです。

怒りにふりまわされがちな人は、これらの発想が欠けていることが多いものです。

第1章でも詳しく述べたように、「怒り」は「お互いの考え方や価値観の違いを受け入れられないこと」が原因でした。だからおおざっぱにいえば、お互いの考え方や価値観の違いを受け入れられるのであれば、怒りは生まれにくいのです。

アサーティブコミュニケーションの理屈もこれと同じです。

アサーティブコミュニケーションをとるためには、人の権利、義務、欲求の違いを理解することです。

その上で相手の権利、義務、欲求を尊重すれば、まわりの人と上手なコミュニケーションがとれるようになるでしょう。

以上がアンガーマネジメントの「行動の修正」の大事な一つであるコミュニケーションの修正において大切なことです。

第4章でも「衝動のコントロール」としての「行動の修正」を学びましたが、本章は、その衝動のコントロールでいったん、怒りを静めたあとに、自分の気持ちや意見を話す際に気をつけることを学びました。

こうしたコミュニケーションの習慣が身につけば、ムッとしたことがあったり、「イヤだな」と不快感を抱いたとしても、周囲との関係を台なしにするようなことはグッと少なくなっていくはずです。

アンガーマネジメント入門《にゅうもん》　朝日文庫

2016年９月30日　第１刷発行
2022年４月30日　第17刷発行

著　者　安藤俊介《あんどうしゅんすけ》

発行者　三宮博信
発行所　朝日新聞出版
〒104-8011　東京都中央区築地5-3-2
電話　03-5541-8832（編集）
03-5540-7793（販売）
印刷製本　大日本印刷株式会社

Published in Japan by Asahi Shimbun Publications Inc.
定価はカバーに表示してあります

ISBN978-4-02-261876-4